Werkbuch Religion

für die Klassen
5/6

Agnes Wuckelt, Paul Groß, Gudrun Link,
Lucia Nozulak, Wolfgang Ritz

Werkbuch Religion

für die Klassen

5/6

Kösel

Bilder/Fotos

Die Zeichnungen im Werkbuch sind – sofern nicht anders angegeben – von Anke Dominik-Unruh, Göttingen, erstellt.

22 Otto Pankok, Lasset die Kindlein zu mir kommen, 1933. Kohlezeichnung, 99 x 118 cm, Blatt 25 aus: Die Passion. © Otto-Pankok-Museum, 46569 Hünxe-Drevenack – **27** Nach: Michal Snunit, Der Seelenvogel. Mit Bildern von Na'ama Golomb. Aus dem Hebräischen von Mirjam Pressler. Alle deutschen Rechte bei Carlsen Verlag GmbH, Hamburg 1991 – **31/32** Bildergeschichte aus: Laurene Krasny Brown/Marc Brown, Scheidung auf dinosaurisch. Ein Ratgeber für Kinder und Eltern. Deutsch von Hans Gärtner. Carlsen Verlag, Hamburg 1988 (Auszüge). Bildrechte: Rosenstone/Wender, New York – **33** Südd. Verlag, Bilderdienst, München – **48** Stefan Hülzer, Berlin – **57** Christoph Winterberg/alphapress, Garching – **58** Zertreten. Grafik von Paul Reding. © VG Bild-Kunst, Bonn 1998 – **59** Gefesselt. Fotografik von Klaus Kammerichs, Köln – **60** Otto Pankok, Sie schlagen ihn, 1933. Kohlezeichnung, 129 x 96 cm, Blatt 40 aus: Die Passion. © Otto-Pankok-Museum, 46569 Hünxe-Drevenack–Zeichnung: Agnes Wuckelt – **61** Verurteilt, Grafik von Margret Russer, München – **62** Walter Habdank, Angenagelt ans Kreuz, 1980. Holzschnitt, 60 x 40 cm. © Walter Habdank, Berg a. Starnberger See – **68** unbekannt – **69** Paul Groß, Kirchberg – **77** Käthe Kollwitz, Ruhet im Frieden seiner Hände. Grabrelief in Bronze, 1936. © VG Bild-Kunst, Bonn 1998 – Zeichnung: Agnes Wuckelt

Texte/Lieder

23 Aus: Janusz Korczak, König Hänschen. Aus dem Polnischen von Katja Weintraub. Vandenhoeck & Ruprecht 5. Aufl. 1995 (Auszug) – **30** Aus: Christine Nöstlinger, Das Austauschkind. Dachs-Verlag GmbH, Wien, S. 132-134 – **52** T: Rudolf-Otto Wiemer/M: Ludger Edelkötter. Aus: Bibl. Spiellieder Äthiopien (IMP 1009); Weil Du mich so magst (IMP 1036). © Impulse Musikverlag Ludger Edelkötter, 48317 Drensteinfurt – **71** Aus: Sigrid Zeevaert, Max, mein Bruder. Arena Verlag, Würzburg 1986 (Ausschnitt) – **89, 90, 92, 93** Das Kind; Tistou; ... wahr werden; Zeugnis: aus: Maurice Druon, Tistou mit den grünen Daumen. Übers. v. Hans G. Lenzen. © 1959 Karl Rauch Verlag, Düsseldorf (gekürzt)

ISBN 3-466-36519-8
© 1999 by Kösel-Verlag GmbH & Co., München
Printed in Germany. Alle Rechte vorbehalten
Druck und Bindung: Kösel, Kempten
Umschlag: Kaselow-Design, München

1 2 3 4 5 · 03 02 01 00 99

Gedruckt auf umweltfreundlich hergestelltem Werkdruckpapier
(säurefrei und chlorfrei gebleicht)

Inhalt

Einführung 7

Warum so – und nicht anders? 17
selbst bestimmen – fremdbestimmt sein

Du – ich hab dich lieb 27
lieben – hassen

Was sind das bloß für Menschen? 38
fremd sein – vertraut werden

(Gem)einsam 48
einsam sein – miteinander leben

In den Staub getreten 58
mächtig sein – ohnmächtig sein

Warum müssen Menschen sterben 68
geboren werden – sterben

Wer soll über uns herrschen? 78
frei sein – sich binden

Fragen und träumen 88
träumen – realistisch sein

Einführung

1. Zur gegenwärtigen Situation des Religionsunterrichts

Die Gesellschaft der Bundesrepublik Deutschland befindet sich seit Beginn der neunziger Jahre in einem tiefgreifenden Prozess der Veränderung. Zu denken ist hier zunächst an die politischen Verschiebungen und die damit einhergehenden Veränderungen – sowohl im innerdeutschen wie im mitteleuropäischen Kontext. Überdies ist die Tatsache bedeutsam, dass menschliche Realität heutzutage immer konflikthaltiger wird: Sie ist gekennzeichnet von gesellschaftlicher Interessenkollision und widersprüchlichen Alltagserfahrungen. Zugleich findet sich der Trend zu Individualisierung und Privatisierung; Realitätsbewältigung, Krisenbewältigung und Erwerb einer Alltagsstabilität werden in zunehmendem Maße zur primär (oder alleine) vom Individuum zu leistenden Aufgabe.

Aus religionspädagogischer Perspektive ist des weiteren zu bedenken, dass unsere Gesellschaft zwar immer noch christlich geprägt ist, aber dennoch christlich(-kirchlich)e Lebensdeutung und -praxis nur noch eine unter zahlreichen möglichen Formen von Lebensorientierung und -gestaltung darstellt.

Religionsunterricht, der sich diesen Veränderungen stellen will, darf den Blick nicht auf das kirchlich institutionalisierte Christentum einengen, sondern muss die gesamte »religiöse Welt« betrachten. Daher sind Deuteschemata, Weltauffassungen und Ideologien, die für die Menschen unserer sich als pluralistisch verstehenden Gesellschaft in konkreten Situationen oder Entscheidungen die Funktion von Religion übernehmen, zunächst ernst zu nehmen und in einem zweiten Schritt kritisch zu bearbeiten. Grundsätzlich ist davon auszugehen, dass selbst in einer gänzlich säkularisierten Welt Gottes Spuren zu entdecken sind – auch da, wo dies explizit keinen Ausdruck findet.

Als Ziele eines so verstandenen Religionsunterrichts können gelten (vgl. auch *Lott* 1991, 16):
- Auseinandersetzung mit der eigenen Lebens- und Glaubensgeschichte (individuell wie kollektiv);
- Austausch und Verständigung über (eigene) Erfahrungen und ihre Verarbeitung in Sinn- und Glaubenssystemen;
- kreativer Gebrauch der Überlieferung religiöser Erfahrungen, Vorstellungen und Lebensorientierungen; im christlichen Kontext speziell der Überlieferung, die die neuen Erfahrungen mit Jesus von Nazareth, dem Christus, zum Gegenstand hat;
- die christliche Religion im Kontext heutiger Welt-, Sinn- und Lebensdeutungen verständlich zu machen.

2. Religionsunterricht muss sich öffnen

In diesem Sinne ist für die Zukunft ein Religionsunterricht einzufordern, der offen ist für
- alle Schülerinnen und Schüler, ihre Lebens- und Glaubensgeschichten und -erfahrungen, also biographisch orientiert ist;
- die konkrete gesellschaftliche Realität – also lebensweltlich verankert ist;
- ökumenische Zusammenarbeit
  - im Sinne gemeinsamer Verantwortung der christlichen Kirchen im Bemühen um elementare Antworten auf die Grundfragen des Lebens;
  - mit anderen Religionen, um mit ihnen gemeinsam an einer Zukunft zu arbeiten, die mehr Gerechtigkeit, Frieden und Menschlichkeit bringt.

Ein in diesem Sinne offener Religionsunterricht will einen Beitrag dazu zu leisten, dass das Leben der Schülerinnen und Schüler gelingen kann. Dazu
- zeigt er weltanschauliche Unterschiede auf;
- macht er Folgen von Wertentscheidungen bewusst;
- macht er auf Formen von Fremdbestimmung durch Ideologien und sektiererische Lebensformen aufmerksam;
- ermutigt er zu einem eigenverantwortlichen Leben.

Ein so verstandener offener Religionsunterricht ist daher zum einen durch freiheitliche Atmosphäre gekennzeichnet, in der persönliche Aussagen möglich sind, zum anderen findet er seinen Rückhalt im christlichen Glauben – insbesondere dem der Lehrkraft, die ihn verantwortet.

Auf diese Weise wird er einerseits der Tatsache gerecht, dass vermehrt Kinder und Jugendliche am Religionsunterricht teilnehmen, die ohne oder nur mit wenig Beziehung zum christlichen Glauben erzogen werden (vgl. bereits den *Synodenbeschluß »Der Religionsunterricht in der Schule«*, Würzburg 1974): er kann auf ihre Fragen und Interessen eingehen.

Andererseits wird er diese Fragen mit der jüdisch-christlichen Tradition und den darin enthaltenen Glaubenserfahrungen in Beziehung setzen. »In diesem Sinne versteht sich der Religionsunterricht diakonisch: Unverzichtbare Themen werden nicht ausgelassen, sie werden in kritische Wechselbeziehung zur Schüler[innen]erfahrung gesetzt. [...] Dieser Ansatz ist keine Verkürzung der Theologie, vielmehr ist er dem biblischen Ansatz sehr verwandt. Denn die Bibel vermittelt keinen `Stoff´, sondern verkündet, was für den Menschen lebensrelevant, lebensbedeutsam ist. Sie geht auf die Grundfragen des Menschen nach Glück, Schuld und Tod ein.« (*Zentralkomitee der deutschen Katholiken* 1989, 6f.).

Diese Offenheit des Religionsunterrichts schließt jedoch nicht aus, dass sich die ihn verantwortenden Kirchen »darin authentisch zur Sprache bringen [...] durch Menschen, die ihr angehören« und die ihren konfessionellen Standpunkt vertreten. Denn: »Erst in der Begegnung mit einer Person, die sich entschieden und eine Glaubensposition für sich verbindlich gemacht hat, erfährt der Schüler [die Schülerin], dass religiöse Fragen den Menschen vor die Entscheidung stellen.« (»*Der Religionsunterricht in der Schule*«, 2.8.2) Auf diese Weise ermöglicht der Religionsunterricht »identifkatorisches Lernen und verhilft so zur Identitätsbildung [...]. Andererseits fördert die gleichzeitige Öffnung des Religionsunterrichts das Verstehen anderer Auffassungen und die Verständigung mit anderen Menschen.« *(EKD 1994, 60)*.

3. Die Frage nach dem Elementaren

Wenn Schülerinnen, Schüler und Lehrkräfte mit ihrer konkreten Lebenserfahrung und -praxis, aber auch mit ihrem Bemühen um lebensbedeutsame Orientierungen wesentliche Faktoren des Religionsunterrichts darstellen, ist die Frage nach den Inhalten zugleich eine Frage nach dem Elementaren. Denn: »Wer nach dem Elementaren fragt, erwartet eine Erfahrung von Lebensnotwendigem, zugleich Einfachem und Sinnstiftendem. [...] Die Neuorientierung im Zeichen des Elementaren ist mehr als Information und Belehrung. Sie bewirkt Veränderungen wie ein Ratschlag, eine Weisung, eine Tröstung, eine Begegnung, eine Umarmung.« (*Stock* 1987, 453). Religionspädagogischem Handeln geht es um die Vermittlung eines Mehr an Selbst- und Welterfahrung im Spiegel des entscheidend und unterscheidend Christlichen (vgl. *Werbick* 1992). Die Besinnung auf das theologisch Elementare impliziert anthropologische wie entwicklungspsychologische Einsichten: über theologisch-fachwissenschaftliche Orientierungen hinaus muss sie sich der Bewährung im Fragehorizont der Kinder und Jugendlichen stellen. Nur so eröffnet sich für sie die Möglichkeit, sich mit dem Angebot des christlichen Glaubens zu identifizieren und selbst zu entdecken, ob darin Antwort auf ihre Fragen nach Identität und Engagement liegen.

4. Anliegen des Werkbuchs

Das vorliegende Werkbuch zielt auf einen Religionsunterricht, der sich bewusst der Tatsache stellt, dass heutige Schülerinnen und Schüler außerhalb des Religionsunterrichts nur noch bedingt christlich-religiöse Sozialisation erfahren. Es wird jedoch davon ausgegangen, dass Kinder und Heranwachsende dennoch nach Gott und der Welt fragen, dass sie angesichts von Krankheit, Katastrophen, Leid und Tod wissen möchten, in welcher Weise Gott da ist und vor allem für sie da ist.

Da sich dementsprechend das Interesse an Religiösem auf Fragen von elementarer existentieller Bedeutung konzentriert, folgt das Werkbuch konsequent einem anthropologischen Ansatz: Es soll darum gehen, Erfahrungen des Alltags im Hier und Heute in ihrer Tiefendimension zu erschließen – im Vertrauen darauf, dass Gott in ihnen zu entdecken ist.

Alltagserfahrungen können als religiöse Erfahrungen bezeichnet werden, wenn sie den Menschen un-bedingt angehen und ihn in eine Dimension verweisen, die zum einen außerhalb von Mensch und Wirklichkeit liegt (Transzendenz), zum andern als diesen zutiefst eigen erkannt wird (Immanenz). Religiöse Erfahrungen sind demnach religiös gedeutete Alltagserfahrungen. Für den Religionsunterricht bedeutet dies, dass hier der Versuch unternommen werden muss, die Grundworte des Glaubens jenseits aller Verkrustungen und Klischees durch ihre Verknüpfung mit lebensgeschichtlichen Erfahrungen neu zu buchstabieren.

Das Werkbuch möchte daher für Schülerinnen, Schüler und Lehrkräfte ein Angebot sein, das
- Anregungen gibt zur Thematisierung und Bearbeitung von persönlichen Lebenserfahrungen und -geschichten sowie Möglichkeiten zur Bewältigung künftiger Lebenssituationen vorstellt;
- Anregungen gibt, lebensweltliche Erfahrungen zu befragen und zur Auseinandersetzung mit gesellschaftlichen Wertvorstellungen herausfordert;
- Anregungen gibt, sich mit der Welt des Glaubens zu beschäftigen, Vorstellungen des christlichen Glaubens zu verstehen und zur Stellungnahme einlädt;
- Anregungen gibt, persönliche Erfahrungen in unterschiedlichen Lebenswelten mit Erfahrungen des Glaubens in Beziehung zu setzen und miteinander zu verknüpfen (Prinzip der Korrelation).

Um diese Verknüpfung leisten zu können, basiert die Gliederung der einzelnen Bände von »Werkbuch Religion« auf zentralen menschlichen Grunderfahrungen in ihrem jeweiligen Spannungsfeld und ihrer möglichen Widersprüchlichkeit:

> angenommen sein ↔ abgelehnt werden
> selbst bestimmen ↔ fremdbestimmt werden
> fremd sein ↔ vertraut werden
> einsam sein ↔ miteinander leben
> etwas wagen ↔ sich absichern
> lieben ↔ hassen
> wertschätzen ↔ missbrauchen
> mächtig sein ↔ ohnmächtig sein
> schuldig sein ↔ unschuldig sein
> geboren werden ↔ sterben
> frei sei ↔ sich binden
> träumen ↔ realistisch sein

Diese Grunderfahrungen werden allerdings nicht an sich thematisiert, sondern im Kontext konkreter Erfahrungsbereiche. Auf diese Weise kann der Tatsache Rechnung getragen werden, dass sich das individuelle Bewusstsein einer Erfahrung stets innerhalb einer bestimmten lebensweltlichen Situation sowie auf dem Hintergrund der jeweiligen Biographie entwickelt und aufgrund des individuellen Standortes eine religiöse Deutung erfährt.

5. Die Themen des Werkbuchs

Die Themenfindung für dieses Werkbuch ergab sich demnach auf folgende Weise: Basierend auf aktuellen soziologischen, sozialisationstheoretischen und entwicklungspsychologischen Erkenntnissen wurden die oben genannten Grunderfahrungen reflektiert und auf mögliche religiöse Deutungen hin durchbuchstabiert. Unter Berücksichtigung des Prinzips des aufbauenden Lernens ergaben sich die folgenden Themen:

Grunderfahrungen	**Themen 5/6**	**Themen 7/8**	**Themen 9/10**
angenommen werden – abgelehnt werden		ICH VERSTEH MICH SELBST NICHT MEHR	
selbst bestimmen – fremdbestimmt werden	WARUM SO – UND NICHT ANDERS		GEGENWIND
fremd sein – vertraut werden	WAS SIND DAS BLOSS FÜR MENSCHEN?	SPUREN SUCHEN – JUDENTUM	EINANDER ACHTEN
einsam sein – miteinander leben	(GEM)EINSAM		
etwas wagen – sich absichern		NEUE WEGE GEHEN	DURCHKREUZT
lieben – hassen	DU – ICH HAB DICH LIEB		LIEBE IST DAS SCHÖNSTE AUF DER WELT
wertschätzen – missbrauchen		DAS UNSAGBARE SAGEN	EIN AUSSER-GEWÖHNLICHES VERHALTEN
mächtig sein – ohnmächtig sein	IN DEN STAUB GETRETEN		GOTT?
schuldig sein – unschuldig sein		WENN ICH MIST BAUE	
geboren werden – sterben	WARUM MÜSSEN MENSCHEN STERBEN?	WAS SOLL ICH HIER?	WAS IST LEBENSWERT?
frei sein – sich binden	WER SOLL ÜBER UNS HERRSCHEN?	DU SOLLST FREI SEIN	
träumen – realistisch sein	FRAGEN UND TRÄUMEN	TIEFER SEHEN	SOLIDARITÄT MIT DER SCHÖPFUNG

Zur Konkretisierung dieser Themen wurden die jeweilgen Grunderfahrungen unter Berücksichtigung der unterschiedlichen Altersstufen der Heranwachsenden mit den Erfahrungsbereichen »Lebenswelt«, »Biographie« sowie »Religion/Glaube« verknüpft. Für die Jahrgangsstufe 5/6 stellt sich dies wie folgt dar:

Grunderfahrungen	Erfahrungsbereiche			Themen
	Lebenswelt	Biographie	Religion/Glaube	
selbst bestimmen – fremdbestimmt werden	Elternhaus; Schule; Kommune; Pfarrgemeinde; Rechte von Kindern	Wunsch nach Mitbestimmung und Mitgestaltung des Lebensraumes; Konflikt zwischen Noch-Kind und Noch-nicht-Jugendliche/r zu sein	Jesu Umgang mit Kindern	WARUM SO – UND NICHT ANDERS?
fremd sein – vertraut werden	Engagement für Randgruppen, Umweltschutz und Friedensengagement	Neugierverhalten gegenüber Neuem und Fremdem; Verlangen nach absoluter Gerechtigkeit	Einsatz für Frieden, Gerechtigkeit und die Bewahrung der Schöpfung; Jesus und seine Umwelt	WAS SIND DAS BLOSS FÜR MENSCHEN?
einsam sein – miteinander leben	Verhältnis der Generationen; konstruierte Kinderwelten; Situation behinderter Menschen; Verhältnis zu ausländischen Menschen sowie zu Randgruppen	Angewiesensein auf das soziale Miteinander; Ausbau sozialer Beziehungen außerhalb der Familie; Entwicklung einer »Sozialvertragsmoral«	Aspekte geglückten Lebens; Islam (Zuckerfest); Leben in der Pfarrgemeinde	(GEM)EINSAM
lieben – hassen	Bedeutung von Verliebtsein und Liebe, Ehe und Familie; Erfahrung des Scheiterns der Ehe der Eltern (Trennung; Scheidung)	Erstes Verliebtsein; Veränderung von Beziehungen als Herausforderung; Frage nach dem Dauerhaften einer Beziehung; Auswirkungen einer Ehescheidung	Liebe als Basis menschlichen Lebens; Gottes unbedingte Liebe zu uns Menschen	DU – ICH HAB DICH LIEB

mächtig sein - ohnmächtig sein	Phänomen der Unterdrückung, Verurteilung oder Vernichtung von unschuldigen oder unbequemen Menschen; Missbrauch von Macht	Erfahrung, als Kind zur Gruppe der Unterprivilegierten zu gehören; Erstellen und Akzeptieren einer »Hackordnung«	Leiden, Tod und Auferstehung Jesu von Nazareth; Passionszeit und Karwoche; Kreuzweg	IN DEN STAUB GETRETEN
geboren werden – sterben	Bedeutung von Krankheit, Unfall, Sterben und Tod im Alltag; Menschen als Verursacher von Tod; Umgang mit Sterben und Tod	Zunehmendes Bewusstsein der eigenen Endlichkeit und der Endgültigkeit des Todes; Suche nach Deutungsmöglichkeiten	Endlichkeit als anthropologische Grundgegebenheit; Einsatz für ein Leben vor dem Tod; Hoffnung auf ein Leben bei Gott; Auferstehungsglaube	WARUM MÜSSEN MENSCHEN STERBEN?
frei sein – sich binden	Bedeutung von Tradition; Umgang mit Geschichte; Bedeutung von Freiheit	Herausbildung des geschichtlichen Denkens; wachsendes Interesse an Geschichte(n); Orientierung an Führerpersönlichkeiten und Infragestellen derselben	Geschichte Israels (insbes. Königszeit); bibeltheologische Frage nach Herrschaft und Königtum; Christ-König	WER SOLL ÜBER UNS HERRSCHEN?
träumen – realistisch sein	Ungereimtheit und Gebrochenheit in der Erfahrung der Welt; Kritik an Unmenschlichkeit; Engagement für eine bessere Welt	Sehnsucht nach einer »heilen« Welt; Aufdecken von Fragwürdigkeit in der engeren und weiteren Umwelt; zunehmende Zukunftsangst	Prophetische Kritik an ungerechten und unmenschlichen Entwicklungen und Situationen; Hoffnung auf das Wirken Gottes wider alle Hoffnung; Engel als Hoffnungsboten	FRAGEN UND TRÄUMEN

Zur didaktischen Erschließung der einzelnen Themen wurden Leitmotive aufgestellt, die wiederum – den o.g. Erfahrungsbereichen entsprechend – ausdifferenziert wurden. Mit diesen Leitmotiven sind Grund- und Werthaltungen formuliert, die als übergeordnete religiöse Erziehungsziele zu verstehen sind. Diesen Erziehungszielen wurden die Intentionen der zum Thema entwickelten Bausteine für eine Unterrichtsreihe zugeordnet. Im Überblick stellt sich dies für die Jahrgangsstufe 5/6 wie folgt dar:

Thema	Leitmotiv			Intentionen
WARUM SO – UND NICHT ANDERS	SICH EINSETZEN			- aufmerksames Beobachten der Umwelt als Voraussetzung zur Entwicklung von Eigeninitiative erkennen - bereit sein, die eigenen Fähigkeiten zu entwickeln, um damit Veränderungen auf den Weg zu bringen - einen Blick dafür bekommen, wo eigene Verantwortung gefragt ist und bereit sein, sich dieser zu stellen
	Aufmerksamkeit	Selbstverwirklichung	Verantwortung	
DU – ICH HAB DICH LIEB	VERTRAUT WERDEN			- sich der eigenen Gefühle in den Beziehungen zu anderen Menschen bewusst werden, darüber sprechen und sie akzeptieren können - darauf aufmerksam werden, dass Geliebtwerden die Voraussetzung dafür ist, selbst lieben zu können - verstehen lernen, dass die Gewissheit, sich auf eine andere Person verlassen zu können, Sicherheit gibt und hilft, auch mit Enttäuschungen und Ängsten umzugehen
	Empathie	Selbstbewusstsein	Verantwortung	
WAS SIND DAS BLOSS FÜR MENSCHEN?	HANDELN			- rechtes Handeln erkennen und bewerten - durch Auseinandersetzung mit Beispielen einen eigenen Standort gewinnen - die Motivation handelnder Personen begründen und nachvollziehen
	Fragehaltung	Eigenständigkeit	Nachfolge	
(GEM) EINSAM	SICH ZUWENDEN			- defizitäre Lebenskontexte wahrnehmen - sich in die Lebensbedingungen anderer hineinversetzen können - Felder erschließen, in denen Menschen in Gemeinschaft einbezogen werden und sich entfalten können
	Offenheit	Gemeinschaftsfähigkeit	Solidarität	
IN DEN STAUB GETRETEN	AUSHALTEN			- dunkle Zeiten im eigenen Leben und im Leben anderer benennen können und Klage zulassen - unmenschliches Verhalten erkennen und zur Sprache springen - in der Hoffnung auf Änderung Widerstand leisten und neue Perspektiven entdecken und ergreifen
	Durchsetzungsvermögen	Widerstandsfähigkeit	Hoffnung	

WARUM MÜSSEN MENSCHEN STERBEN?	HOFFEN			- Sterben und Tod als zum Leben gehörend erkennen und den Umgang damit reflektieren können - sich die individuellen und sozialen Auswirkungen von Sterben und Tod bewusst machen - Hilfen zum Umgang mit der Trauer kennenlernen - sich mit Deutungen des Todes auseinander setzen
	Grenzerfahrung	Endlichkeitsbewusstsein	Nähe Gottes	
WER SOLL ÜBER UNS HERRSCHEN	TEILHABEN			- die Notwendigkeit von Leitung und Orientierung einerseits und die darin liegende Gefahr von Bevormundung andererseits durchschauen können - bestimmte Formen der Machtausübung als Unterdrückung entlarven - Sehnsucht nach Befreiung von Unterdrückung und nach Gerechtigkeit wecken und bestärken
	Tradition	Orientierung	Offenbarung	

6. Der erfahrungsorientierte didaktische Ansatz religiösen Lernens

Auch im Blick auf die mögliche Gestaltung des Unterrichts wird im vorliegenden Werkbuch der erfahrungsorientierte didaktische Ansatz favorisiert. Dieser folgt dem Prinzip der Ganzheitlichkeit: Es müssen Situationen geschaffen werden, in denen die Lernenden sich an ihre Erlebnisse, Wahrnehmungen, Vorstellungen, Einstellungen, Phantasien und Haltungen erinnern, sie darstellen und in ihrer Widersprüchlichkeit thematisieren können. Subjektive Erfahrungen müssen bearbeitet, reflektiert und weiterentwickelt werden, um daraus Lernprozesse entfalten zu können und zu Handlungskompetenz zu führen. Dies bedeutet:

- **Gegenstand von Lernprozessen** sind die Alltags- und religiösen Erfahrungen von Lernenden und Lehrenden, ihre Konflikte, Wünsche, Ängste und Träume. Diese werden zwar im Werkbuch angesprochen, müssen jedoch im unterrichtlichen Geschehen im Blick auf die je konkrete Lerngruppe entsprechenden Raum erhalten.
- **Arbeitsformen** eines solchen Lernprozesses sind vorrangig Symbolisierungshandlungen: Die Lernenden sollen aktiv, nach eigenen Fähigkeiten verbal oder nonverbal, mit allen Sinnen und praktisch handeln. Sie sollen lernen, sich auch auf andere, z.B. bildliche, musikalische und körperliche Darstellungs- und Kommunikationsweisen einzulassen. Zudem sollen Raum- und Zeiterfahrungen möglich sein, die den Bedürfnissen der Lernenden entgegenkommen. Im Sinne einer »Verlangsamung« und damit einer Intensivierung des Lernens sollen den Schülerinnen und Schülern ausreichende Möglichkeiten und Wege eröffnet werden, neue Eindrücke zu sammeln und dem Gelernten ganzheitlichen Ausdruck zu verleihen.
- **Sozialformen** erfahrungsorientierten Lernens sollen schließlich sowohl Selbsterfahrung als auch soziale Erfahrungen ermöglichen und solidarische Beziehungen aufbauen helfen.

Diese Anforderungen gelten selbstverständlich auch für den Umgang mit der Bibel. Erfahrungsorientierte Bibelarbeit stellt den Versuch dar, eine Begegnung von Menschen aus verschiedenen Lebens- und Erfahrungswelten zu ermöglichen. Ziel dieser Begegnung ist es, neue Lernerfahrungen zu machen, aufgrund derer es möglich wird, die eigene Lebenswelt besser zu verstehen und neue Handlungsmöglichkeiten kennenzulernen. Erfahrungsorientierte Bibelarbeit basiert auf einer integrativen Bibelauslegung, die
- die Gegebenheiten und Ansprüche des biblischen Textes beachtet;
- auf die Menschen hört, die in diesen Texten zu Wort kommen und ihre Erfahrungen mitteilen;
- die Menschen ernst nimmt, die heute diesen Texten begegnen.

Für die unterrichtliche Praxis bietet sich dazu insbesondere die Neuformulierung biblischer Texte an, wie beispielsweise
- die Umwelterzählung, die als Rekonstruktion der gegenständlichen Welt und/oder der Lebensgeschichte historischer oder fiktiver Personen den zeitgeschichtlichen Hintergrund des Bibeltextes erhellt;
- die perspektivische Erzählung aus der Sicht einer handelnden Personen oder einer fiktiven Figur, die als Rekonstruktion von Gefühlen, Gedanken und Haltungen deren Handlungsweisen erläutert;
- die Verfremdung, die (scheinbar) bekannte oder vertraute Situationen, Denk- und Verhaltensweisen auf neue Weise zum Sprechen bringt.

(Vgl. dazu die Kapitel »WAS SIND DAS BLOSS FÜR MENSCHEN?« und »WER SOLL ÜBER UNS HERRSCHEN?«) Aber auch der meditativ-symbolische Zugang zu existentiell tiefgreifenden Erfahrungen ist geeignet, Begegnung zwischen den Menschen der Bibel und heutigen Menschen zu ermöglichen. (Vgl. dazu das Kapitel »IN DEN STAUB GETRETEN«)

Das vorliegende Werkbuch möchte Anregung sein für einen erfahrungs- und daher ganzheitlich orientierten Unterricht. In diesem Sinne stellt es Texte und Materialien bereit, die den Anstoß zur Thematisierung eigener Erfahrungen der jeweils konkreten Schülerinnen und Schüler geben können. Es versucht den Brückenschlag zwischen heutigen Kindern und Jugendlichen und ihnen unbekannten oder fremden Sachverhalten (wie etwa biblischer Botschaft oder christlichem Brauchtum). Überdies stellt es eine Palette ganzheitlicher Arbeitsformen vor, die den erfahrungsorientierten Ansatz in der Praxis des Religionsunterrichts realisieren helfen. Konkrete Anregungen finden sich in jedem Kapitel unter der Überschrift »Erläuterungen und methodische Anregungen«.

Der Realisierung des erfahrungsbezogenen didaktischen Ansatzes dient ebenfalls projektorientiertes Arbeiten. Diese Form des Unterrichts ist auf ein aktives Lernen ausgerichtet, das die Selbsttätigkeit und Eigenverantwortung der Schülerinnen und Schüler fördert. Im günstigsten Falle sollte die Projektorientierung im fächerübergreifenden Unterricht erfolgen (etwa in Zusammenarbeit mit Deutsch-, Geschichts- oder Kunstunterricht). Wenn sich dazu keine Möglichkeit findet, lassen sich die durch das Werkbuch angeregten projektorientierten Phasen jedoch auch im Rahmen des Religionsunterrichts durchführen.

Diese Projektphasen können – ggf. unter Zuhilfenahme von zusätzlichem Material – sowohl in ihrer Gesamtheit, als auch – wo Schülerinnen und Schüler diese Art des Arbeitens nicht gewohnt sind – unter der Perspektive des schrittweisen Einübens durchgeführt werden.

Projektorientiertes Arbeiten verlangt von Schülerinnen und Schülern, aber auch von Lehrkräften großes Engagement und beinhaltet hinsichtlich der Vorbereitung und Organisation Mehrarbeit. Dies ist realistischerweise zu bedenken, da es sonst vielleicht auf beiden Seiten zu Problemen und letztlich gar zur Resignation führen kann. Dennoch soll hier dazu ermuntert werden, eine u.U. neue Unterrichtssituation in kleinen Schritten zu erproben. Denn hierin liegt die Chance,
- Fragen, Probleme und Phänomene zu bearbeiten, die den Schülerinnen und Schülern wirklich wichtig sind;
- nicht nur kognitiv, sondern auch sinnenhaft-körperlich zu lernen;
- sich außer über das gesprochene Wort auch über Bilder, Spiele, Gegenstände und Aktionen zu verständigen;
- voneinander und miteinander zu lernen, d.h. soziale Erfahrungen zu machen;
- Produkte herzustellen, in denen die Schülerinnen und Schüler ihre Erfahrungen, Vorstellungen und Bedürfnisse veranschaulichen können;
- ggf. nicht nur auf den Klassenraum beschränkt zu sein, sondern auch außerhalb der Schule zu lernen;
- sich ggf. unabhängig von Schulzeit und Stundenplan, dem eigenen Arbeitstempo und Lernrhythmus entsprechend, mit Fragen und Problemen auseinanderzusetzen.

(Vgl. auch den »Vorschlag für projektorientierten Unterricht zum Thema »Die Entstehung der Bibel« auf S. 84 ff.) Gerade im Blick auf das Lernen im Religionsunterricht sind die genannten Aspekte von Bedeutung. Sie sind geeignet, den Schülerinnen und Schülern nicht nur argumentativ zu vermitteln, dass sie in ihrem So-Sein unbedingt bejaht sind und wirkliches Interesse an ihnen als ganzer Person besteht. Überdies kann auf diese Weise die christliche Botschaft in ihrer Bedeutung für die Lebensgestaltung leichter plausibel gemacht werden als in einem primär kognitiv angelegten Unterricht.

7. Literaturhinweise

Deutscher Katecheten-Verein e.V.: Religionsunterricht in der Schule. Ein Plädoyer des Deutschen Katecheten-Vereins, München 1992

Evangelische Kirche Deutschlands (EKD): Identität und Verständigung. Standort und Perspektiven des Religionsunterrichts in der Pluralität. Eine Denkschrift, Gütersloh 1994

Hilger, Georg / Reilly, George (Hg.): Religionsunterricht im Abseits? Das Spannungsfeld Jugend – Schule – Religion, München 1993

Linke, Michael: Religionsunterricht und Exploration von Alltagserfahrung. Die Bedeutung der Rekonstruktion von Alltagserfahrungen für Theorie und Praxis eines erfahrungsorientierten Unterrichts, Frankfurt/Main 1987

Lott, Jürgen: Erfahrung, Religion, Glaube. Probleme, Konzepte und Perspektiven religionspädagogischen Handelns in Schule und Gemeinde, Weinheim 1991

Ritter, Werner-H.: Glaube und Erfahrung im religionspädagogischen Kontext, Göttingen 1989

Scheller, Ingo: Erfahrungsbezogener Unterricht. Praxis, Planung, Theorie, Königstein/Ts.1981

Stock, Hans: Elementartheologie, in: Böcker, Werner u.a. (Hg.): Handbuch religiöser Erziehung, Band 2, Bielefeld-Düsseldorf 1987, 452-466

Werbick, Jürgen: Glaubenlernen aus Erfahrung. Grundbegriffe einer Didaktik des Glaubens, München 1989

Werbick, Jürgen: Vom entscheidend und unterscheidend Christlichen, Düsseldorf 1992

Zentralkomitee der deutschen Katholiken ZdK: Schulischer Religionsunterricht in einer säkularen Gesellschaft, Bonn 1989

Warum so – und nicht anders?

*Selbst bestimmen –
fremdbestimmt sein*

Leitmotiv

	SICH EINSETZEN	
Wachsamkeit	Selbstverwirklichung	Verantwortung

Intentionen

– aufmerksames Beobachten der Umwelt als Voraussetzung zur Entwicklung von Eigeninitiative erkennen
– bereit sein, die eigenen Fähigkeiten zu entwickeln, um damit Veränderungen auf den Weg zu bringen
– einen Blick dafür bekommen, wo eigene Verantwortung gefragt ist und bereit sein, sich dieser zu stellen

Worum es geht

Im Zentrum dieses Themas steht die biblische Erzählung Mk 10,13-16, »Jesus segnet die Kinder«. Ihr Inhalt und ihre Aussage vermitteln primär eine Anforderung an Erwachsene: Sie sollen Partei ergreifen für die schwächsten Glieder der Gesellschaft, vor allem für Kinder. Diese Forderung hat auch heute ihre Dringlichkeit nicht verloren. Daher bilden folgende biblische Aspekte die Schwerpunkte: die Nähe Jesu zu den Kindern (Umarmung), der Segen und die Handauflegung. Durch seine Wachsamkeit den Kindern gegenüber verdeutlicht er – im Gegensatz zur damaligen Realität – deren Wert. Indem Jesus die Kinder segnet und ihnen die Hand auflegt, gibt er ihnen Anteil an sich selbst und am Reich Gottes. Damit befähigt er sie, an dessen Aufbau mitzuwirken. Die übrigen Texte des Kapitels »sprechen« vor diesem Hintergrund von heutiger Realität und daraus erwachsenden Wünschen.

Ich will doch nur euer Bestes!

Endlich – fertig mit den Hausaufgaben! Was läuft im Fernsehen? Heute hat der elfjährige Torsten die Fernbedienung ergattert und startet einen Durchlauf durch alle Programme. »Hey, lass das«, protestiert seine »große« Schwester Sandra, »ich will die Werbung sehen!« »Du glaubst wohl, du kannst mich rumkommandieren? Bloß weil du zwei Jahre älter bist als ich?« Da tönt es aus dem Fernseher: »... selbstverständlich Schuhe von ›CITY-POWER‹ – keine bringen dich so auf Trab!« Torsten legt die Fernbedienung auf den Tisch und greift in die Schale mit den Erdnüssen. Mit vollen Backen kauend verkündet er: »Mann, die sind echt stark, diese ›CITY-POWERs‹! Die muss ich haben!« »Ja, die sind einfach super, fast alle in meiner Klasse haben ›CITY-POWERs‹.« Sandra schaut gebannt auf den Bildschirm, über den bereits ein neuer Werbespot flimmert. »Ob ich mal Mutti frage – vielleicht kauft sie mir solche ›CITY...‹« »Macht sofort den Kasten aus!« Voller Schrecken springen Torsten und Sandra auf – sie haben nicht damit gerechnet, dass die Mutter heute früher als sonst von der Arbeit nach Hause kommt! »Und was ihr euch für einen Unsinn anschaut!« Schon hat die Mutter das Fernsehgerät abgeschaltet. »Wahrscheinlich sind die Hausaufgaben auch noch nicht fertig und ganz sicher ist die Spülmaschine nicht ausgeräumt!« Immer lauter wird die Stimme der Mutter. »Und der Mülleimer quillt über! Und wie es hier im Wohnzimmer aussieht!« Sandra möchte antworten, aber es gelingt ihr nicht. »Ihr seid alt genug, dass ihr im Haushalt mithelft und Verantwortung übernehmt. Aber was tut ihr? Fernsehen! Entsprechend schlecht sind ja auch eure Noten! Wenn ihr so weitermacht, wird nie was aus euch!« »Aber wir...« – »Ich will jetzt nichts hören, Sandra!« Unbemerkt hat Torsten den Rückzug angetreten. »Ich will doch nur euer Bestes!« klingt es ihm nach. »Das sind heute bestimmt nicht die ›CITY-POWERs‹«, stöhnt er. Da läuft er dem Vater in die Arme, der gerade die Haustür aufschließt. »Was ist denn mit dir los?« Die Antwort kommt von der Mutter: »Vor der Arbeit drückt er sich, das ist mit ihm los! Aber fernsehen, das kann er. Und Sandra ist auch nicht besser!« »Aber Sandra«, meint der Vater, »von dir hätte ich aber was anderes erwartet! Von dir als Mädchen erwarte ich Pflichtgefühl und Verantwortung!« An diesem Tag verläuft das Abendessen sehr schweigsam...

Wenn ich nur könnte, wie ich will!

Kurzbericht der Klasse 6c in Frankfurt

Wir, 14 Mädchen und 12 Jungen der Klasse 6c, haben den Straßenverkehr vor unserer Schule beobachtet. Unsere Schule liegt an einer vielbefahrenen Straße. Deshalb stehen dort große Verkehrsschilder: »Achtung! Schule!«. Außerdem gilt die Höchstgeschwindigkeit von 30 km/h. Aber wir haben festgestellt, dass fast alle Autos schnell vorbei rasen! Nur morgens und mittags, wenn Mädchen oder Jungen vom Lotsendienst am Zebrastreifen vor dem Haupteingang der Schule stehen, ist das anders. Deshalb ist es gut, dass der Eingang zu unserer Schule mit einer Schranke versehen ist. Deshalb passiert es nicht so leicht, dass wir in Gedanken gleich auf die Straße laufen. Doch wenn wir mitbestimmen könnten, würden wir den ganzen Straßenverkehr umleiten und vor der Schule einen großen Spielplatz anlegen.

Die Klasse 6a hat zum gleichen Thema eine Bildreportage angefertigt und Interviews geführt:

Das ist unsere Meinung: In unserer Umgebung ist das ein

Jan findet: »Wenn ich mitbestimmen könnte, dann würde sich sicherlich einiges ändern. Ich würde z.B. mehr Fahrradwege anlegen.«
Lisa meint: »Ich würde einen Freizeitpark bauen!«
Susanne sagt: »Ich würde mehr für den Umweltschutz tun. – Eigentlich sollte ich bei mir damit anfangen.«
Jürgen stellt fest: »Das hilft ja doch alles nichts: wer hört denn schon auf unsere Meinung?«

TOP	*FLOP*

Etwas muss geschehen!

Ist doch nicht normal!

Sascha, Andreas, Tina und Julia hocken auf der Bank des Spielplatzes in der Südstadtsiedlung. »Nichts los!« brummt Sascha. »Ja, heute ist noch alles ruhig hier«, meint auch Julia. Erst gestern waren sie von den Müttern der Kleinkinder vom Spielplatz geschickt worden, weil sie dort angeblich nichts verloren hätten! Aber wo sollen sie denn hin? In der ganzen Siedlung gibt es keinen Ort, der für ihr Alter in der Freizeit interessant wäre. »Mann, im Sommer kann man es hier ja gut aushalten, so draußen. Doch wenn es erst wieder kalt wird...«, überlegt Andreas. »Und dann müssen wir hoffen, dass unsere Eltern die Wohnung zur Verfügung stellen«, meint Julia. »Dann dürfen wir die Musik nicht zu laut machen, nur die mitbringen, die nett sind, und keinen Dreck machen und brav sein! Tolle Aussichten!«, regt sich Tina auf. »Was willst du eigentlich, ist doch ganz normal«, versucht Andreas sie zu besänftigen. »Ist *nicht* normal, dass es für uns in der ganzen Siedlung keinen Treffpunkt gibt! Da hat Tina recht!«, empört sich jetzt auch Sascha. »Ich habe von einem Freund gehört, dass bei denen im Stadtteil immer was los ist. Da gibt es ein richtiges Jugendhaus, mit Angeboten für Jugendliche und so.« Tina fuchtelt wild mit den Armen, wie immer, wenn sie etwas erklären will: »Ja, das kenn ich auch von anderen, bei uns könnte doch auch so was laufen!« »Ist doch bestimmt kein Geld da, und außerdem – wer interessiert sich schon für uns!«, setzt Andreas dagegen. Die Diskussion wird immer hitziger, aber am Ende steht folgendes fest: »Etwas muss geschehen!«

Wir weichen nicht!

Heute findet wieder der Altstadtmarkt statt. Die »Kellerspatzen«, 12- bis 14jährige Mädchen aus der Pfarrei St. Michael, haben von der Gemeindeverwaltung einen guten Stellplatz für ihren Stand mit alten Spielsachen bekommen. Endlich konnten sie durchsetzen, einen eigenen Stand aufzubauen. »Morgen früh um sieben Uhr treffen wir uns und beginnen mit dem Aufbau!« Das hatten sich alle Mädchen fest vorgenommen. Und den Platz hatten sie deutlich mit weißer Kreide gekennzeichnet. Um halb sieben entdeckt Petra als erste das Unheil. »Da haben doch die Leute von der Ponyreitbahn unseren Stellplatz besetzt!« Mutig geht sie auf den erstbesten Arbeiter zu und stellt energisch fest: »Wir haben hier einen Platz reservieren lassen! Sehen Sie, hier ist der weiße Kreidestrich! Das ist unser Platz, und wir weichen nicht!« Der Arbeiter schaut Petra nicht einmal an und schreit: »Verschwinde, Kinder haben hier nichts zu suchen. Wenn ihr etwas machen wollt, könnt ihr ja dort in die Ecke gehen.«

Petra weiß, dass sie allein keine Chance hat. Schnell läuft sie zum Treffpunkt und alarmiert die anderen. »Wir werden unseren Stellplatz verteidigen!« Das ist die einstimmige Meinung der Gruppe. Beherzt gehen sie zu ihrem gekennzeichneten Platz. Und nun beginnt die heiße Schlacht...

Eine Kirche für uns!

Erläuterungen und methodische Hinweise

Die Titelseite zeigt ein **Puzzle**, aus welchem ein Teil ausgebrochen ist und sich auf seinen Weg macht. »Offene Augen« der Umgebung gegenüber, das Erkennen und Entwickeln eigener Fähigkeiten und die Bereitschaft, Verantwortung zu übernehmen, sind für solches Verhalten notwendige Voraussetzung und können gleichzeitig als Antwort auf die Ausgangsfrage »Warum so – und nicht anders?« gesehen werden.

- spontane Gedanken zum Puzzle aufschreiben (PartnerIn- oder Gruppenarbeit)
- Körperübung: aus einer fest zusammenstehenden Gruppe bricht eine/r aus
- musikalischer Gleichklang (Orff) wird durch Dissonanz gestört

Die Erzählung »**Ich will doch nur Euer Bestes!**« berichtet von alltäglichen Spannungen, wie sie in jeder Familie auftreten können. Ursache für die Spannung sind die unterschiedlichen Sichtweisen für das, was wichtig ist. Zugleich geht es um die Frage, inwieweit Erwachsene Kinder für fähig halten, selbst Verantwortung zu übernehmen (etwa ihre Zeit selbständig sinnvoll einzuteilen).

- die Erzählung in Einzelarbeit weiterschreiben
- eine Spielszene entwickeln: »Nach dem Abendessen im Kinderzimmer«
- sich mit folgendem Dialog auseinandersetzen (PartnerIn- oder Gruppenarbeit):

Während Sandra und Torsten gemeinsam den Küchentisch abräumen, überlegen sie:
Torsten: Hast du verstanden, worum's hier geht?
Sandra: Na, du hast doch gehört, wir sollen Hausaufgaben machen, das Wohnzimmer aufräumen...
Torsten: ... nicht fernsehen, die Spülmaschine ausräumen...
Sandra: ... und pflichtbewusst sein! So ein Blödsinn!
Torsten: Aber meine ›CITY-POWERs‹ krieg ich nicht!
Sandra: Nee, hier zählt doch nur, was unsere lieben Eltern wollen! Warum eigentlich?

- Gründe für das Verhalten und die Wünsche von Kindern bzw. Eltern suchen und bewerten

Die verschiedenen Erfahrungen Heranwachsender (unzulängliche Freizeitangebote; Probleme beim Durchsetzen des eigenen Anspruchs; eine ihnen fremde Kirche) verdeutlichen, dass Heranwachsende vielfach den Wunsch nach Eigenverantwortung haben und durchaus fähig sind, ihre Umgebung aufmerksam zu beobachten oder durch eigene Ideen positive Veränderungen anzubahnen. Die unter der Überschrift »**Etwas muss geschehen!**« ausgewählten Situationen sollen Anregung geben und zugleich Ermutigung sein, an konkreten Beispielen in der eigenen Umgebung neue Ideen kreativ zu verwirklichen, um damit eine kindergerechtere Umwelt zu gestalten. Sie wollen die Schülerinnen und Schüler anregen, ihre eigene Umgebung kritisch zu beobachten und zu bewerten sowie eigene Vorstellungen zu formulieren. Darüber hinaus können sie spielerisch erproben, ob sie bereits in der Lage sind, durch Eigeninitiative und im gemeinsamen Tun selbst gegen massiven Widerstand ihre berechtigten Interessen zu vertreten.

- die eigene Umwelt erkunden (Spielplatz; Kirche; Kaufhaus; Park...) und die gemachten Beobachtungen – nach »TOP« und »FLOP« sortiert – an einer Pinnwand befestigen
- das Ergebnis auswerten und konkrete Möglichkeiten der Veränderung suchen und diese ggf. veröffentlichen (z.B. Brief an die Gemeinde / Pfarrgemeinde oder an eine Tageszeitung schreiben)
- im Rollenspiel Lösungsmöglichkeiten zu den Erfahrungsberichten erproben

Eine Welt für Kinder?

Lasst die Kinder zu mir kommen und hindert sie nicht.
Menschen wie ihnen gehört das Reich Gottes. (Mk 10,14)

»Verteidigt die Kinder!«

In etlichen Büchern hat sich Janusz Korczak für die Rechte der Kinder eingesetzt. In seinem Buch »König Hänschen« beschreibt er einen wunderschönen Traum. Für die Kinder in seinem Waisenhaus in Warschau wurde dieser Traum Wirklichkeit.

Das Kinderparlament

»Meine Herren Minister«, begann Hänschen und trank Wasser, denn er wollte lange sprechen, »wir haben beschlossen, das ganze Volk soll regieren, und das ganze Volk muss sagen können, was es braucht. Aber Sie haben vergessen, dass das Volk nicht nur aus Erwachsenen, sondern auch aus Kindern besteht. Wir haben fünf Millionen Kinder; die müssten auch regieren. Es soll also zwei Parlamente geben, eins für die Erwachsenen – dort werden die Abgeordneten und die Minister Erwachsene sein – und das zweite für die Kinder – und dort werden die Kinder Abgeordnete und Minister sein. Ich bin König für die Erwachsenen und für die Kinder, aber wenn die Erwachsenen der Meinung sind, dass ich für sie zu klein bin, dann sollen sie sich einen erwachsenen König wählen, und ich werde König für die Kinder.« Hänschen trank viermal Wasser, sprach sehr lange, und die Minister begriffen, dass dies eine ernste Angelegenheit war; hier ging es nicht mehr um Schokolade oder Schlittschuhe oder Schaukeln, hier ging es um eine sehr wichtige Reform. »Ich weiß, das ist schwierig«, schloss Hänschen. »Alle Reformen sind schwierig, aber einmal muss man damit anfangen. Wenn es mir nicht gelingt, alles so zu machen, wie es sein muss, dann wird eben mein Sohn oder mein Enkel meine Reformen zu Ende führen.« Die Minister dachten nach. So lange und so klug hatte Hänschen noch nie gesprochen. Das stimmt schon, die Kinder gehören auch zum Volk, also hatten sie auch das Recht zu regieren. Werden sie das verstehen? Sind sie nicht zu dumm dazu? Dass die Kinder zu dumm sind, konnten die Minister aber nicht gut sagen, denn Hänschen war ja auch noch ein Kind. Man musste es eben versuchen.

Am Ende des Buches »König Hänschen« wird von Betrug und Intrigen erzählt: Der Spion hatte nämlich ein Papier mit Fritzchens Unterschrift und einer gefälschten Unterschrift von König Hänschen in der Tasche. Und dieses Papier sollte ein Manifest die Kinder der ganzen Welt werden. Der Journalist ging in eine Druckerei und ließ sehr viele Flugblätter mit diesem Aufruf drucken, die verteilte er dann in der ganzen Stadt, einige ließ er in den Straßenschmutz fallen, trocknete sie wieder, knüllte sie zusammen und steckte sie in die Tasche.

> Kinder! Ich, Hänschen I., wende mich an Euch, damit Ihr mir helft, meine Reformen durchzuführen. In Zukunft sollen die Kinder den Erwachsenen nicht mehr gehorchen müssen. Ich will, daß die Kinder tun und lassen können, was ihnen Spaß macht. Uns sagt man immer nur: Das darfst du nicht, das ist nicht schön, das ist nicht artig. Ungerecht ist das. Warum dürfen die Erwachsenen alles tun und wir nicht! Immerzu sind sie böse auf uns, schimpfen uns aus und werden wütend. Sie hauen uns sogar. Ich will, daß die Kinder die gleichen Rechte haben wie die Erwachsenen. Ich kenne die Geschichte gut. Früher hatten weder die Bauern noch die Arbeiter noch die Frauen, noch die Neger Rechte. Heute haben sie alle welche, nur die Kinder nicht. In meinem Staat habe ich den Kindern schon alle Rechte gegeben, im Land der Königin Campanella heben sich die Kinder aufgelehnt. Macht Ihr Revolution und fordert Rechte. Und wenn Eure Könige nicht auf euch hören wollen, dann setzt sie ab und wählt mich. Ich will der König aller Kinder auf der Welt sein: der weißen, der gelben und der schwarzen. Ich schenke Euch Freiheit. Also helft mir und macht auf der ganzen Welt Revolution.
>
> *König Hänschen*
> *Minister Baron von Rauch*

Erläuterungen und methodische Hinweise

Das **Bild** von Otto Pankok »Christus und die Kinder« verdeutlicht durch Position und Haltung der dargestellten Personen die damalige (auch heutige?) Realität, veranschaulicht aber auch die andere Haltung Jesu (s.o.). Es bezieht sich auf die Perikope »Jesus segnet die Kinder« (Mk 10,13-16). Diese charakterisiert die Solidarität Jesu mit den Kindern als den Ärmsten der Armen. Durch die römische Besatzung war Palästina wirtschaftlich ausgeblutet; ein Großteil der jüdischen Bevölkerung lebte an der Grenze des Existenzminimums und war kaum in der Lage, (viele) Kinder zu ernähren. So waren diese oftmals auf sich gestellt und mussten selbst für ihren Lebensunterhalt sorgen. Da nach römischem Recht Kinder als minderwertige Menschen galten, konnten sie straffrei ausgesetzt, verkauft oder sogar getötet werden. Vor allem Mädchen, die noch geringeren Wert hatten als Jungen, widerfuhr oft ein tragisches Schicksal. Wenn Jesus sich auf die Seite der Kinder stellt und von seinen Jüngerinnen und Jüngern gleiches fordert, macht er von diesem Verhalten die Teilhabe am Reich Gottes abhängig: »Keine und keiner werden in das Reich Gottes hineingelangen, die ein Kind nicht annehmen!« oder: Das Reich Gottes wird nur dort sichtbar und spürbar, wo Menschen ein Kind annehmen.

* das Bild »Christus und die Kinder« als Standbild nachstellen
* selbst ein Bild zum biblischen Text malen
* die Aussage des Bibeltextes so malen, dass die Absicht Jesu deutlich wird (z.B. durch die Position und Körperhaltung, sowie durch farbigen Ausdruck die innere Verfassung der handelnden Personen veranschaulichen)
* die biblische Erzählung spielen und dabei die Gefühle der einzelnen Personen mit Orff‹schen Instrumenten ausdrücken
* die Geschichte perspektivisch erzählen, z.B. aus der Sicht eines Jüngers oder eines Kindes
* nachforschen, wo heute noch Kinder am Rande der Gesellschaft stehen
* in der Klasse darüber berichten bzw. eine Collage anfertigen

»Verteidigt die Kinder!«: Beispielhaft für einen Erwachsenen, der Kindern im Sinne Jesu begegnet ist, steht Henryk Goldszmit, bekannt als Janusz Korczak. Er wurde 1878 in Warschau geboren, wo er Kindheit und Jugend verbrachte und Medizin studierte. Nach dem Studium arbeitete er als Kinderarzt. Kinder aus armen Verhältnissen behandelte er kostenlos, von Reichen verlangte er dagegen große Summen. Im Jahr 1911 gab Korczak seine Karriere auf und übernahm die Leitung eines Waisenhauses für jüdische Kinder, um ihnen das Leben im Getto erträglicher zu machen. Vor allem jedoch fand er demokratische Strukturen für die Leitung des Waisenhauses, die den Heranwachsenden Mitbestimmung ermöglichten (z.B. das Kinderparlament; die Herausgabe einer eigenen Zeitung). Bei der Belagerung Warschaus durch deutsche Truppen setzte er alles für »seine Kinder« ein. Als 200 Kinder des Waisenhauses in das Konzentrationslager Treblinka abtransportiert wurden, war es ihm freigestellt, sein Leben zu retten. Der »Alte Doktor« entschied sich für die Kinder und begleitete sie bis zum letzten Tag ihres Lebens. 1942 starb er mit ihnen den Tod in den Gaskammern. Eine seiner wichtigsten Aussagen zur Erziehung von Kindern lautet: »Man darf das Kind nicht geringschätzen.«
Sein utopisches Buch »König Hänschen« sollte den Kindern Hilfe zur Identitätsfindung geben und ihnen Mut machen, weitgehend Mit- und Eigenverantwortung zu übernehmen. Die beiden abgedruckten Ausschnitte aus diesem Kinderbuch zeigen Chancen (»Das Kinderparlament«) und Ohnmacht der Kinder (gefälschtes Flugblatt).

* die Tagesordnung einer Kinderparlamentssitzung erstellen
* sich bei Gemeinde- oder Stadtrat und in der Pfarrgemeinde nach Möglichkeiten der Mitbestimmung für Kinder und Jugendliche erkundigen
* eigene Vorschläge für die Mitbestimmung von Kindern erarbeiten

Das Bestreben von Kindern nach Mitbestimmung – sei es für die eigenen aktuellen Belange oder im Blick auf eine menschenwürdige Zukunft – stößt jedoch nicht bei allen Erwachsenen und nicht in allen Kulturen unserer Welt auf Zustimmung. Denn noch längst nicht haben alle Kinder der Welt Anspruch auf die elementarsten

Rechte. Die auf S. 26 aufgeführten **Kinderrechte** beziehen sich auf die 1989 von der Vollversammlung der Vereinten Nationen verabschiedeten Konvention über die Rechte der Kinder. Da diese erst in wenigen Ländern der Erde durch die jeweiligen Regierungen ratifiziert wurde, bleiben die Rechte vorerst auf dem Papier. Auch in Deutschland gibt es im Blick auf die Einhaltung dieser Kinderrechte noch viele Missstände. So bietet sich als Abschluß des Themas die Auseinandersetzung mit den Rechten für Kinder an.

* sich in Einzelarbeit mit den Kinderrechten beschäftigen und sprachlich oder bildlich einen Weg gestalten
* sich in Gruppenarbeit mit je einem Aspekt der Kinderrechte auseinandersetzen und das Lernergebnis so gestalten, dass die gesamte Lerngruppe (oder eine andere Klasse) einen entsprechenden Einblick erhält

Anregungen für die Gruppenarbeit
- Recht auf Gleichheit
  - Unrechtssituationen zusammenstellen und dazu Gebete oder Fürbitten formulieren
  - einen Kreuzweg des Kinderleids gestalten
  - für die übrigen Schülerinnen und Schüler eine Karte vorbereiten, auf welche diese jene (Für-)Bitte schreiben, die ihnen am dringlichsten erscheint

- Recht auf gesunde geistige und körperliche Entwicklung:
  - Informationspapiere vorbereiten, aus denen die unterschiedlichen Entwicklungsbedingungen von Kindern ersichtlich werden (z.B. Vorhandensein und Zustand des Wassers; Möglichkeiten, sich (gesund) zu ernähren; Schulsituation; Wohnbedingungen)
  - kleine Vorträge halten
  - Fragen der übrigen Schülerinnen und Schüler beantworten können

- Recht auf Spiel und Erholung:
  - eine Spielemappe mit beliebten Spielen aus vielen Ländern anfertigen
  - aus Abfallmaterialien Spielzeug basteln
  - Ergebnisse in Form einer Fernsehreportage vorstellen
  - Wahl des »Spielzeugs der Welt«

- Innehalten:
  - reine Stillestunde vorbereiten
  - Musik aus anderen Ländern hören
  - Phantasiereise zu Kindern in anderen Ländern vornehmen
  - Märchen aus anderen Ländern vorlesen
  - zu meditativer Musik tanzen

Schließlich sollte es auch darum gehen, dass Kinder zu eigenständigem Denken fähig werden. Im folgenden Sprechspiel werden die unterschiedlichen Positionen von Erwachsenen und Kindern auf überspitzte Weise einander gegenübergestellt. Im Aufgreifen und Weiterentwickeln des Sprechspiels können sich Kinder darin üben, eigene Vorstellungen zu benennen und sich durchzusetzen.

wir erwarten wir wollen wir erwarten wir wollen
wir wollen wir erwarten wir wollen wir erwarten
wollen wir erwarten wir wollen wir

du musst du sollst du musst du sollst du musst
du sollst du musst du sollst du musst du sollst
sollst du musst du sollst du musst du

schluss damit mach es so schluss damit mach es so
mach es so schluss damit mach es so schluss damit so
schluss damit mach es so

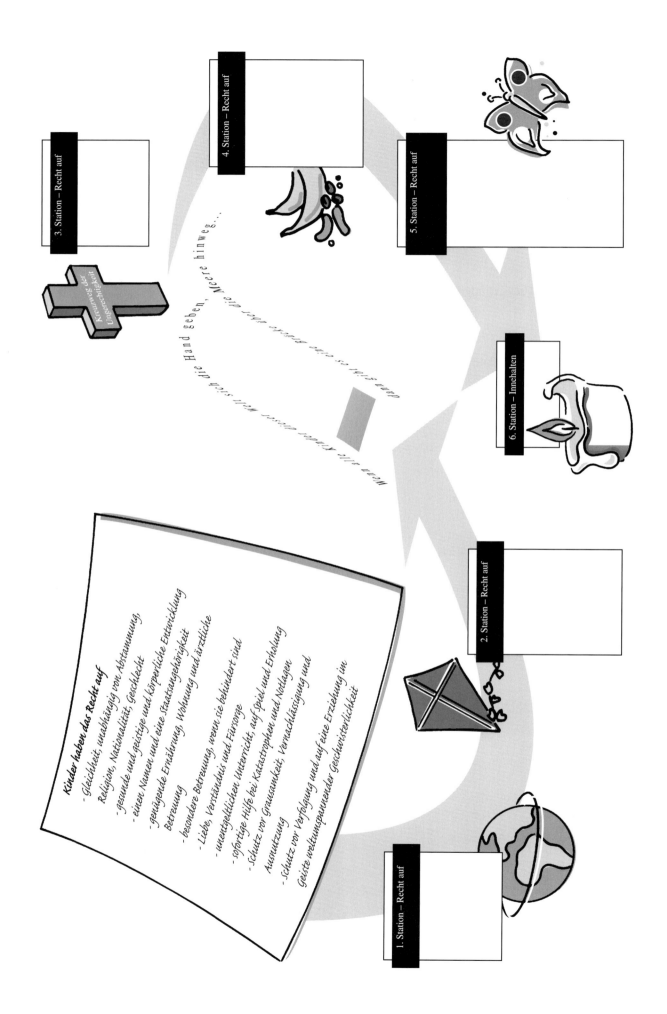

Du – ich hab dich lieb

lieben – hassen

Leitmotiv

VERTRAUT WERDEN		
Empathie	Selbstbewusstsein	Bejahtsein

Intentionen

– sich der eigenen Gefühle in den Beziehungen zu anderen Menschen bewusst werden, darüber sprechen und sie akzeptieren können
– darauf aufmerksam werden, dass Geliebtwerden die Voraussetzung dafür ist, selbst lieben zu können
– verstehen lernen, dass die Gewissheit, sich auf eine andere Person verlassen zu können, Sicherheit gibt und hilft, auch mit Enttäuschungen und Ängsten umzugehen

Worum es geht

Werde ich geliebt? Von wem? – Das sind Fragen, die sich jeder Mensch – auch jedes Kind – bewusst oder unbewusst immer wieder stellt. Ob menschliches Leben gelingt oder nicht, hängt wesentlich von der Art der Beantwortung dieser Fragen ab.
Ziel dieses Kapitels und seiner einzelnen Aspekte ist es, mit den Schülerinnen und Schülern über diesen Sachverhalt nachzudenken und die Auswirkungen positiver und negativer Erfahrungen im eigenen Leben wie im Leben anderer aufzuspüren.
Weiterhin ist der Blick der Schülerinnen und Schüler auf die Tatsache zu lenken, dass es Menschen gibt, die sich über das Bewusstsein hinaus, von anderen geliebt zu werden, von Gott getragen wissen und denen diese Erfahrung hilft, ihre menschlichen Beziehungen zu gestalten.

Wie konntest du das nur vergessen?

Katharina breitet ihre Decke an einem sonnigen Platz aus. Endlich einmal ein Tag, um ins Schwimmbad zu gehen! Bislang hat es fast die ganzen Sommerferien verregnet! Aber heute strahlt die Sonne von einem tiefblauen Himmel, und Katharina streckt sich ihr wohlig entgegen. Schade, dass Petra, ihre beste Freundin, noch in Spanien ist! Mit Petra im Schwimmbad – das bedeutet immer einen Riesenspaß! Nun ja, Katharina hat sich ein spannendes Buch eingesteckt. Sie vertieft sich in ihre Lektüre und bald hat sie alles um sich herum vergessen. Sie bemerkt nicht einmal, dass neben ihr ein Ballspiel beginnt.

Erst als der Ball mit voller Wucht auf ihrem Rücken landet, schaut sie auf: »Was soll denn der Blödsinn? Kannst du nicht besser aufpassen?« faucht sie den Jungen an, der dem Ball nachgelaufen ist. »Ich war's nicht!« beteuert er und macht sich mit hochrotem Kopf aus dem Staub. Schon im Laufen, dreht er sich noch einmal um und ruft ihr ein »Tschuldigung!« zu.
Katharina will weiterlesen, doch es gelingt ihr nicht mehr. Das Lachen und Toben rings um sie herum wird immer lauter; an konzentriertes Lesen ist nicht mehr zu denken. Sie beobachtet das Ballspiel der Gruppe von Jungen, die ihre Decken und einen riesigen Kühlbehälter ganz in ihrer Nähe platziert haben. Gerade nimmt der Junge, der vorhin den Ball zurückgeholt hat, eine Flasche Cola aus dem Behälter. Er bemerkt Katharinas Blick, deutet erst auf die Flasche und dann fragend auf Katharina. Sie nickt zögernd. Steht ihr nicht eine Art Schmerzensgeld zu? Mit zwei Bechern und der Flasche unter dem Arm steht er auch schon neben ihr: «Durst?« »Ja, schon!« Katharina verschweigt, dass die Mutter ihr eine große Flasche Eistee mitgegeben hat. Sie nimmt einen Becher entgegen und lässt ihn sich mit Cola auffüllen. Der Junge setzt sich neben sie und fragt: »Wie heißt'n du?« »Katharina. Und du?« »Jürgen.« Damit scheint sein Wortschatz erst einmal erschöpft. Erst nach einer Weile fragt er: »Schwimmst du 'ne Runde mit mir?« »Warum nicht? Tauchen wir um die Wette?«
Selten war ein Tag im Schwimmbad so kurzweilig. Katharina findet heraus, dass Jürgen ein recht lustiger Typ ist. Und Jürgen ist von Katharinas Tauchkünsten begeistert. So verabreden die beiden, sich am nächsten Tag wieder im Schwimmbad zu treffen. Die letzte Ferienwoche vergeht viel zu schnell, und die Tage mit Jürgen sind voller Spaß. ›Es ist fast so, als wäre ich mit Petra zusammen‹, denkt Katharina. »Gehst du morgen Nachmittag mit mir in die Disco?«, fragt Jürgen am vorletzten Ferientag. »Wenn meine Eltern nichts dagegen haben«, meint Katharina. Sie haben nichts dagegen – und Katharina erreicht sogar, dass sie ein neues T-Shirt bekommt – für die Disco.

Super Musik«, übertönt Jürgen den Sound aus den Lautsprechern. »Find ich auch!« Gerade wird Katharinas Lieblingssong gespielt. »Mein Lieblingssong!«, verrät Jürgen. »Meiner auch!« Katharina strahlt. Die beiden schauen sich an und müssen lachen. Es ist nicht das erste Mal, dass die beiden gleiche Meinungen und Vorstellungen haben. »Es ist schön, mit dir zusammen zu sein!«, sagt Katharina. »Fast so wie mit Petra.« ›Petra! Ist sie nicht gestern Nacht wieder aus Spanien zurückgekommen? Und haben wir uns nicht für heute Nachmittag verabredet? Sie will mir doch von ihren Ferien erzählen!‹ Katharina wird es heiß und kalt. »Was ist mit dir los?«, fragt Jürgen. »Ich sollte schon längst bei Petra sein!« stammelt Katharina. »Ich hab sie ganz vergessen!«

»Wie konntest du nur unser Treffen vergessen! Wo ich mich so auf dich auf gefreut habe!«, raunzt Petra ins Telefon. »Ich versteh es ja selbst nicht!«, erwidert Katharina. »Ich hab mich auch auf dich gefreut. Und ich hab dir auch 'ne Menge zu erzählen!« »Ach ja? Und warum kommst du dann nicht?« »Ich ... ich«, stottert Katharina, »ich hab mich für heut doppelt verabredet.« »Was hast du?« »Ich hab mich doppelt verabredet – einmal mit dir und einmal mit Jürgen.« Am andern Ende der Leitung bleibt es still...

So eine Art Versicherung

Jasper, ein englischer Junge, kommt in den Ferien als Austauschkind in eine Wiener Familie. Hier verursacht er einigen Wirbel.

»Er liebt dich, Bille!«
»Sowieso!«, sagte Bille, nicht ohne Stolz.
»Nicht sowieso«, sagte die Mama, »er will sich mit dir verloben!«
»Heiliger Strohsack!«, murmelte Bille und sank auf den Mistkübel nieder und saß dort wie auf einem sehr großen Nachttopf. Noch nie hatte ich meine Schwester ratloser gesehen. »Er ist doch noch ein Kind«, sagte Bille. »Er ist bloß ein Jahr jünger als du«, sagte die Mama.
»Was tun wir denn da?«, fragte Bille.
»Weiß ich nicht«, sagte die Mama. »Er hat mir jedenfalls aufgetragen, dich zu fragen, ob du dich mit ihm verloben willst. Und das habe ich jetzt ausgerichtet!«
Bille sprang vom Mistkübeltopf auf. »Ja, hast du ihm denn nicht gesagt, dass er zu jung für mich ist, und überhaupt -«
»Nein«, sagte die Mama. »Es war ein großer Vertrauensbeweis von ihm, dass er mir das gesagt hat.«
»Wie kommt er bloß auf so eine Idee?«, rief Bille, und die Mama legte einen Finger an die Lippen und deutete zu Jaspers Zimmer hin. »Warum soll er nicht auf so eine Idee kommen?«, sagte sie dann. »Irgend jemanden, den er liebt und der ihn liebt, den braucht er halt zum Weiterleben.«
Ich holte tief Luft und sagte zu Bille: »Dann verlob dich eben mit ihm!« Bille starrte mich entgeistert an. »Am Samstag fliegt er eh schon weg«, sagte ich. »Vier verlobte Tage wirst du doch aushalten!«
Bille schüttelte den Kopf und sagte, erstens werde sie sich überhaupt nie verloben, und wenn sie sich doch verloben werde, dann nur mit einem »Mann« und »keinem Kind«, und der Mann müsse ihren Wünschen entsprechen, sehr groß sein und schwarze Haare haben und eine braune Haut und grüne Augen.
Den Blödsinn wollte ich mir nicht weiter anhören, daher unterbrach ich Bille. Ich sagte: »Sehr fein! Unlängst hast du der Mama vorgehalten, sie kann nur Menschen lieben, die sich wohlverhalten! Aber du bist ja noch ärger. Du kannst nur lieben, die schön aussehen! Sonst könntest du auch den Jasper lieben, einfach so, weil er der Jasper ist, der geliebt werden will!«
»Er spinnt!«, sagte Bille zur Mama. Die Mama sagte: »Jasper fährt ja wirklich am Samstag. Bis dahin ist es tatsächlich nicht lange -« »Ja, meinst du etwa auch -?« Bille setzte sich wieder auf den Mistkübel.
»Ich weiß nicht«, sagte die Mama. »Aber schaden täte es niemandem. Und ihm würde es vielleicht helfen. Es wäre ja keine richtige Verlobung. Er ist ja noch ein Kind. Für ihn ist das – glaube ich – einfach so eine Art Versicherung. Verstehst du?«
»Nein«, sagte Bille.
»Er hat gesagt, dann ist er nämlich mit uns verwandt«, sagte die Mama. Sie nahm wieder einen Erdapfel und schälte. »Aber wahrscheinlich ist es ein Blödsinn!«, murmelte sie.
»Kein Blödsinn ist es«, sagte ich. »Die Mama hat recht.« Ich meinte zu kapieren, wie sich Jasper das in seinem leicht verqueren Hirn vorstellte. Jetzt wollte er zu uns eine Art Verwandtschaft herstellen. Logo! So musste das sein!
»Soll ich vielleicht mit ihm Küsschen tauschen, damit er sich sicher genug fühlt«, keifte Bille.
»Und seine Geliebte werden?« »Bille!« Die Mama hätte sich vor Entsetzen fast in den Finger geschnitten. »Red nicht so! Ich bin sicher, der Jasper will gar keine Küsschen! Und mehr schon gar nicht! Mit Liebe, wie du das meinst, hätte das nichts zu tun!«
»Aber im nächsten Sommer will er ja wiederkommen, was ist dann?«, fragte Bille. Es klang etwas weniger keifend.
»Ein Jahr ist lang«, sagte die Mama. »Da kann sich viel ändern. Bei einem wie Jasper muss man froh sein für jedes Jahr, das er heil übersteht.«
»Jetzt mach kein Theater«, sagte ich, »wir braten einen Waschkorb voll Pommes frites und verkohlen eine Batterie Fische und legen das weiße Tischtuch auf und eine rosa Rose zu jedem Teller, und ich kauf zwei Ringe, die steckt ihr euch an die kleinen Finger – und die Verlobung hat sich!«
»Das muss ich mir überlegen«, sagte Bille. »Tu das«, sagte die Mama. »Und wenn du nicht willst, Bille, macht es auch nichts! Glaub nicht, dass ich es von dir erwarte! Es kommt ganz auf dich an!«

Christine Nöstlinger

Ob sie mich dann noch liebhaben?

Wenn deine Eltern sich scheiden lassen, fühlst du vielleicht Trauer, Wut, Angst, Schuld.

Klar, daß du dich zuerst nicht gerade wohl fühlst. Aber das wird sich sicher bald ändern. Du kannst selbst viel dazu beitragen.

Schau dich in deiner Klasse um: Du bist nicht der einzige, dessen Eltern geschieden sind!

"WER VON EUCH HAT ELTERN, DIE GESCHIEDEN SIND?"

Es wird dir helfen, mit anderen Leuten offen über deine Gefühle zu sprechen.

Wein dich ruhig aus! Du wirst dich hinterher erleichtert fühlen.

Sag deinen Eltern, warum du wütend bist! Laß deine Wut aber nicht an anderen Leuten aus oder etwa an dir selbst.

Stelle deinen Eltern alle Fragen, die dich verwirren, quälen oder dir Angst machen.

Du kannst noch beide Eltern liebhaben.

Daran ändert eine Scheidung wirklich nichts.

Und es gibt andere nette Erwachsene, mit denen du dich anfreunden kannst, wenn du sie magst und ihnen vertraust.

Es war nicht immer leicht...

Tim	Opa? Du – nächstes Jahr feiert ihr diamantene Hochzeit, sagt Oma. Dann seid ihr ja schon schrecklich lange verheiratet! – Du – Opa, wie war das eigentlich mit Oma und dir?
Opa	Nun mal raus mit der Sprache! Was genau willst du denn wissen?
Tim	Wie du Oma kennengelernt hast, und ob du so richtig in sie verliebt warst und so...
Opa	Und wie verliebt ich war! Ganz verrückt war ich nach ihr!
Tim	Echt?
Opa	Beim Tanzen, ja beim Tanzen hab ich sie zum ersten Mal gesehen. Sie lachte so schön, und da hab ich mich in sie verliebt – bis über beide Ohren.
Tim	Und dann, Opa? Was hast du dann gemacht?
Opa	Dann war ich ganz mutig und hab sie zum Tanzen aufgefordert. Ja, so hat es angefangen mit Klara – mit der Oma – und mir. Und nun sind wir schon so lange zusammen...
Tim	Hat das immer so richtig geklappt, mit Oma und dir? Na – muss wohl, sonst wärt ihr ja geschieden, oder?
Opa	Oh, Junge, so einfach ist das nicht. Nein, wenn ich ehrlich bin, hat es nicht immer geklappt, wie du sagst. Manchmal war es verflixt schwierig.
Tim	Wie meinst du das?
Opa	Zum Beispiel als ich 1953 aus der Gefangenschaft nach Hause kam, da fühlte ich mich richtig fremd. Klara und die Kinder, also deine Mama und Onkel Max, hatten ja viele Jahre ohne mich gelebt.
Tim	Aber Mama und Onkel Max haben sich doch sicher ganz toll gefreut, als du wieder nach Hause kamst?
Opa	Du kannst es dir vielleicht nicht vorstellen, aber für die beiden war ich anfangs ein ganz fremder Mann. Sie waren ja noch ganz klein gewesen, als ich Soldat wurde. Sie konnten sich nicht mehr an mich erinnern. Und Klara, Oma, schaffte alles ohne mich. Ganz überflüssig fühlte ich mich.
Tim	Da hab ich noch gar nicht drüber nachgedacht. Und sonst?
Opa	Einmal hatte ich große Angst, dass Oma einen anderen Mann lieber haben könnte als mich.
Tim	Und – war es wirklich so?
Opa	Das weiß ich nicht. Ich hab mich nicht getraut, Klara zu fragen. Vielleicht war es auch gut so.
Tim	Aber du magst die Oma immer noch, oder?
Opa	Eigentlich sprechen wir gar nicht darüber. Aber wenn ich so nachdenke – ich meine, sie ist sehr wichtig für mich.

Liebhaben – das heißt ...

Meine Katze Selima hat ein weiches Fell. Sie fühlt sich wie Samt an.
Sie hat es gern, wenn ich sie streichle und leise mit ihr rede. Dann blinzelt sie vergnügt und schnurrt ganz laut.
Und ich spüre ein Kribbeln im Bauch.
Es tut gut, dass wir uns so mögen.

Meine Mutter.
Manchmal wünsche ich sie weit weg. Dann hat sie wieder einmal etwas an mir auszusetzen: »Du hast dein Zimmer nicht ordentlich aufgeräumt!« – »Hast du wieder vergessen, den Mülleimer raus zu bringen?« – »Hast du dein Taschengeld schon wieder für unnützes Zeug ausgegeben?«
Aber ich glaube, ich würde sie sehr vermissen, wenn sie nicht mehr da wäre.
Ich würde ihre warme Stimme vermissen. Ihr Lachen.
Ihre weichen Hände, die mein Haar streicheln. Ihre Nähe.

Mein Freund Jörg ist einfach toll.
Ich kenne keinen, der so gut ist beim Inline-Skater-Fahren. Aber er lacht nie, wenn ich nicht so geschickt bin wie er. Im Gegenteil. Er übt mit mir – und bald werde ich beinahe so gut sein wie er.
Doch mein Freund ist nicht nur eine Sportkanone.
Mit ihm kann ich lachen oder auch weinen – wenn mir danach ist. Wir verbringen viel Zeit miteinander.
Wir reden und diskutieren. Manchmal sagen wir auch gar nichts.
Wir verstehen uns auch ohne Worte. Ich hoffe, daß ich meinen Freund nie verliere.

Gott, Vater und Mutter,
ich lebe mit meinem Vater allein.
Meine Eltern haben sich getrennt.
Vieles ist anders geworden.
Mein Vater und ich sind nun eine kleine Familie.
Mein Vater bespricht vieles mit mir.
Das macht mich stolz.

Wir helfen uns gegenseitig.
Wir erleben viele schöne Dinge.
Gott, ich danke dir
für meinen besten Freund, meinen Vater.

Gott, du weißt ja,
Mutti und ich leben allein.
Vati ist schon lange nicht mehr bei uns.
Immer wenn ich darüber nachdenke, werde ich ganz traurig.
Ich möchte für Vati beten,
dass es ihm gut geht heute
und dass er mich nicht vergisst.

Gott,
ich wünsche mir so sehr einen Menschen, der mich versteht und dem ich alles sagen kann.
Ich wünsche mir einen Menschen, der mich wirklich liebt.
Lass mich einen Menschen finden, der nicht nur mit der Liebe spielt.
Lass mich einen Menschen finden, der nicht nur mein Äußeres liebt.
Hilf mir, damit auch ich anderen Liebe schenken kann.
Hilf uns, einander so zu lieben, wie du uns Menschen liebst.

Gott,
du liebst alle Menschen.
Du kennst alle Menschen mit Namen.
Du sorgst dich,
wenn sie traurig oder in Not sind.
Du freust dich,
wenn sie froh sind und es ihnen gut geht.
Du liebst auch mich.
Manchmal spüre ich es ganz deutlich.
Manchmal frage ich mich, ob es wirklich stimmt, dass du mich lieb hast.
Dann kann ich nur hoffen, dass es wahr ist und du alle – auch mich – liebst.

Erläuterungen und methodische Hinweise

Die zeichnerische Darstellung der beiden **Vogelpaare** zeigt auf spielerische Weise Versuche, Beziehungen anzuknüpfen sowie mögliche Reaktionen auf derartige Versuche.

- weitere Bilder ähnlicher Art malen
- Versuche der Annäherung und Reaktionen darauf pantomimisch darstellen

Eine Auswahl von sogenannten »**Briefchen**« aus dem Schulalltag zeigt eine andere Art von Anknüpfungsversuchen. Hiermit wird die Realität der Heranwachsenden in den Blick genommen und signalisiert, dass diese Ausdrucksform ersten Verliebtseins von Erwachsenen ernst genommen wird.

- Bedeutung und Stellenwert solcher »Briefchen« diskutieren

Der Erzählung »**Wie konntest du das nur vergessen?**« thematisiert den Weg zum ersten Verliebtsein. Sie verdeutlicht, dass diese Erfahrung empfindsam macht und die beiden Verliebten die Welt neu sehen lässt. Allerdings kann es auch passieren, dass bestehende Beziehungen und (gleichgeschlechtliche) Freundschaften dadurch ins Wanken geraten können.

- Petra vertraut nach dem Telefongespräch mit Katharina ihre Gefühle dem Tagebuch an
- mit dem Verliebtsein verbundene Gefühle mit Farben zum Ausdruck bringen
- Musikstücke oder Lieder, die Verliebtsein ausdrücken bzw. thematisieren, mitbringen, gegenseitig vorstellen und anhören

Bei dem Text »**So eine Art Versicherung**« handelt es sich um einen Auszug aus dem Jugendbuch »Das Austauschkind« von Christine Nöstlinger. Jasper verbringt seine Ferien in einer Wiener Familie. Das »Austauschkind« hat eine schwierige Zeit hinter sich und möchte sich mit Bille, der Tochter der Familie, »verloben«: Der Junge vertraut dem Mädchen und hat das Bedürfnis, geliebt zu werden. Für ihn würde diese »Verlobung« – das Eingehen einer quasi verwandtschaftlichen Beziehung – eine Art Versicherung bedeuten: nämlich die Sicherheit, Menschen zu haben, die ihn lieben. Damit erhielte sein Leben Stütze und Halt. Beides ist für Jaspers Weiterleben notwendig.
Bille fällt es jedoch schwer, sich mit dem Gedanken einer Verlobung mit Jasper vertraut zu machen; sind sie ja beide noch Kinder. So lässt sie die Entscheidung offen.

- Pro und Contra einer »Verlobung« aus der Sicht Jaspers sowie aus der Sicht Billes aufschreiben
- Dialog zwischen Jasper und Bille entwerfen
- Bille schreibt einen Brief an Jasper und legt ihre Zustimmung oder Ablehnung dar

Kernpunkt der Frage »**Ob sie mich noch liebhaben?**« ist nicht das Problem der Scheidung an und für sich. Vielmehr soll es betroffenen Kindern erleichtert werden, in Form einer Verfremdung über ihre Erfahrungen, ihre Gefühle und Ängste zu sprechen. In der Rolle der Dino-Kinder wird es ihnen auf humorvolle Weise ermöglicht, das zum Ausdruck zu bringen, was sie sonst nicht äußern können oder wollen. Gegebenenfalls bietet es sich an, die entsprechenden Gebete auf S. 34 heranzuziehen.

- Bildgeschichte durch weitere Elemente ergänzen

Der Text »**Es war nicht immer leicht**« wie auch das Foto des alt gewordenen Paares zeigen auf, wie Großvater und Großmutter durch das Auf und Ab der Jahre füreinander wichtig geworden sind. Zudem wird aus der Darstellung ersichtlich, dass eine Liebesbeziehung wächst und sich verändert, aber auch – vielleicht allen Schwierigkeiten und Krisen zum Trotz – ein ganzes Leben lang andauern kann.
Auf diesem Hintergrund bietet es sich an, mit den Heranwachsenden Formen von Liebe – »**Liebhaben – das heißt...**« zu bedenken: So etwa die Liebe zu einem Tier, zu den Eltern, zur Freundin oder zum Freund und letztlich die Liebe Gottes zu uns Menschen und die Liebe der Menschen zu Gott. Mit letzterem ist – aus anthropologischer Sicht – eine nicht unproblematische Dimension angesprochen. Einerseits werden heutige Heranwachsende die Erfahrung des Von-Gott-Geliebtseins nicht ohne weiteres nachvollziehen können, da sie in ihrem Alltag kaum noch mit der Gottesfrage konfrontiert werden. Andererseits kann festgehalten werden,

dass auch Kinder die Sehnsucht nach unbedingtem und grenzenlosem Geliebtsein und nach innerer Geborgenheit haben, die nicht von Menschen erfüllt werden kann. Die Zusage der bedingungslosen Liebe Gottes kann hier große Bedeutung erhalten. Jedoch sollte diese Zusage nicht die Alibifunktion für verweigerte Liebe von seiten der engsten Bezugspersonen des Kindes erhalten.

- Fotos der Großeltern mitbringen und mit dem Bild im Buch vergleichen
- Hochzeitsbilder (z.B. aus Zeitschriften) mit dem des alten Paares vergleichen
- eine Geschichte schreiben: Ein Tier, das ich liebhabe...
- malen: ICH und EINE/R zum Liebhaben...
- eine Geschichte schreiben oder malen: Meine Großmutter / mein Großvater und ich
- in der Schul- oder Jugendbücherei nach Büchern zum Thema »Großmutter / Großvater und ihr / sein Enkelkind« (z.B. Peter Härtling, Oma) suchen und daraus einen Abschnitt in der Klasse vorlesen
- Großmutter oder Großvater bitten, ihre bzw. seine Gedanken zum Thema »Mein Enkelkind und ich« aufzuschreiben
- Collage zum Thema »Liebhaben – das heißt...« anfertigen
- Gebete und Texte sammeln, die von Gottes Liebe erzählen und ein schön gestaltetes Textheft anlegen

Je nach Situation der Klasse und Erfahrungshintergrund der Schülerinnen und Schüler kann innerhalb dieser Unterrichtsreihe auch Folgendes thematisiert werden: Es gibt Menschen – jeden Alters -, die sich nach Liebe sehnen, aber in dieser Sehnsucht immer wieder enttäuscht werden. Anknüpfungspunkt kann noch einmal die Erzählung von Jasper, dem Austauschkind sein.
Darüber hinaus spricht auch der abschließende meditative Text **»Spuren der Liebe«** unter anderem diese Dimension menschlicher Liebe an.

- Fuß- oder Handabdrücke bzw. Herzen aus Tonpapier schneiden und die einzelnen Spuren der Liebe« darauf schreiben
- weitere »Spuren der Liebe« suchen und malen oder aufschreiben
- den Text zu entsprechender Musik langsam vorlesen
- zu einer der im Text angesprochenen Situationen eine Geschichte schreiben

Spuren der Liebe

Ein scheues Lächeln auf meinem Gesicht,
Eine Träne, die von Sehnsucht spricht,
Ein warmes Gefühl tief in mir –

    Spuren der Liebe

Die getrocknete Rose vom Jahrestag,
Ein langer Brief, den ich dir auswendig sag,
Die Eintrittskarte zum Park –

    Spuren der Liebe

Die zarte Berührung von deiner Hand,
Fußabdrücke im warmen Sand,
Das Lachen, das nie enden will –

    Spuren der Liebe.

Das zerrissene Foto im hintersten Eck,
Verzweifelte Tränen im geheimen Versteck,
Das leere Gefühl in mir –

    Spuren der Liebe

Ein Wort der Versöhnung nach heftigem Streit,
Ein ersehnter Anruf nach langer Zeit,
Ein Kuchenherz mit Zuckerschrift –

    Spuren der Liebe.

Eine Kinderzeichnung an der Wand,
Der goldne Ring an meiner Hand,
Ein vergilbtes Foto im Medaillon –

    Spuren der Liebe.

Was sind das bloß für Menschen?

fremd sein – vertraut werden

Leitmotiv

HANDELN		
Fragehaltung	Eigenständigkeit	Nachfolge

Intentionen

- rechtes Handeln erkennen und bewerten
- durch Auseinandersetzung mit Beispielen einen eigenen Standort gewinnen
- die Motivation handelnder Personen begründen und nachvollziehen

Worum es geht

In diesem Kapitel geht es schwerpunktmäßig um eine Begegnung mit dem historischen Jesus und seinen Handlungsprinzipien, wie sie aus den Glaubensüberlieferungen der frühen Gemeinden (Evangelien) ableitbar sind. Eine solche Begegnung provoziert drei Fragen:
- Wer ist dieser, der solche Anforderung stellt?
- Darf er das überhaupt?
- Warum hat er eine solche Ausstrahlungskraft?

Eine Übernahme von Handlungsmustern, die an Jesus von Nazareth orientiert sind, kann und darf nicht fraglos vollzogen werden. Sie birgt – gerade in unserer sich stetig wandelnden, nicht mehr ausschließlich an christlichen Werten orientierten Gesellschaft – das Risiko in sich, massiv angefragt zu werden. So muss der Kontext des Handelns Jesu sowie des Handelns derer, die ihm nachfolgen, erschlossen werden, um selbstverantwortlich urteilen und handeln zu können.

Interessantes aus der Region

Kein Atommüll!

Am vergangenen Sonntag fand wieder eine Demonstration gegen die Ablagerung von Atommüll statt. Einige tausend Menschen nahmen daran teil. Schweigend zogen sie um das Gelände, auf dem die Behälter mit Atommüll gelagert werden sollen. Der Demonstrationszug endete auf einer großen Wiese. Dort wurden Mahnkreuze für die Umwelt errichtet.
Hier einige Stimmen aus dem Kreis derer, die das Geschehen beobachteten:
Michael: Da treffen nur Spinner und Weltverbesserer zusammen, die doch nichts bewirken können!
Claudia: Eigentlich sollte ich da auch mitmachen. Ich würde gerne etwas für die Umwelt tun. Vielleicht bin das nächste Mal selbst dabei.
Felix: Nicht alle können es sich leisten, hier zu demonstrieren. Mein Vater ist arbeitslos. Ihm wurde versprochen, dass er auf dem Gelände Arbeit erhalten wird.

»Ich freu mich auf jeden Mittwoch«

Frage: Ihr trefft euch also jeden Mittwochnachmittag, um ins Altenheim zu gehen?
Steffi: Ja, um 15.00 Uhr treffen wir uns am Haupteingang. Dann gehen wir auf die einzelnen Stationen. Die alten Leute dort warten schon auf uns.
Frage: Was macht ihr dann?
Renate: Ich zum Beispiel spiele mit Frau Hentschel. Sie spielt wahnsinnig gern Halma. Manchmal spielen wir auch mit anderen »Mensch ärgere dich nicht«.
Steffi: Ich find es ganz toll, wenn Herr Maier aus seiner Jugend oder vom Krieg erzählt. Ich kann ihm stundenlang zuhören. Da macht es nichts, wenn er sich mal wiederholt.
Frage: Und sonst, was macht ihr sonst noch?
Katja: Einige der alten Leute können nicht mehr so gut oder überhaupt nicht mehr laufen. Die holen wir bei gutem Wetter in ihrem Rollstuhl ab und fahren mit ihnen spazieren. Das ist ganz lustig. Und ich erzähle dann, was in der Woche so los war. Also – ich freu mich auf jeden Mittwoch!
Frage: Wie viele seid ihr eigentlich?
Renate: Wir sind acht Mädchen. Die jüngste ist zwölf und die älteste 15 Jahre alt.
Frage: Seit wann macht ihr diesen Besuchsdienst schon?
Steffi: Seit zwei Jahren.
Frage: Wird es auf die Dauer nicht langweilig?
Katja: Langweilig? Nee! Wie kommst du auf *die* Idee?

»Die sind auch nicht anders als wir«

Frage: Jürgen – ihr kommt gerade aus dem Zeltlager zurück. Wie war's?
Jürgen: Einfach Klasse! Das Wetter war prima, der Zeltplatz super und überhaupt – es war wirklich toll!
Frage: Und diesmal waren Kinder aus dem Heim für Asylsuchende dabei?
Jürgen: Ja, und auch einige Aussiedlerkinder.
Frage: Und es gab keine Probleme?
Micha: Wieso Probleme? Wir kennen uns alle schon einige Zeit – von der Hausaufgabenhilfe und den Spielnachmittagen im Pfarrheim.
Frage: Würdet ihr mehr davon erzählen?
Tina: Also das war so: Wir gehören zur Wölflingsgruppe »Guck in die Welt« und wollten nicht mehr so einfach in den Tag hineinleben. Da haben wir beschlossen, den Kindern im Heim für Asylsuchende Spielsachen zu schenken. Wir haben also eine Aktion gestartet und sind in das Heim gegangen. Ein bisschen komisch war uns zuerst schon zumute.
Claudia: Aber dann waren die Leute so nett und wir sind deshalb öfter hingegangen. Wir haben miteinander gespielt, die Kinder zu uns ins Pfarrheim eingeladen, ihnen bei den Hausaufgaben geholfen.
Frage: Und nun seid ihr miteinander befreundet?
Jürgen: Ja, die sind auch nicht anders als wir!

Die Interviews wurden von Gabi M. geführt.

Die Wochenendreportage

Er steht regungslos mitten in der Fußgängerzone. Mitten im Getümmel der Leute, die noch eilige Besorgungen vor sich haben oder einfach nur bummeln wollen. Viele nehmen den bärtigen Mann überhaupt nicht zur Kenntnis, andere bleiben kurz stehen und schütteln den Kopf: »Vielleicht ist er nicht ganz dicht da oben?« Manche meinen: »Eigentlich sieht er ganz normal aus. Was er wohl vorhat?« Aber da er weiterhin vollkommen ruhig stehen bleibt und nichts weiter passiert, gehen sie weiter. Nur einige bleiben stehen und entdecken die Plakattafel, die neben dem Schweigenden steht.

»SCHWEIGEN FÜR DEN FRIEDEN« verkündet das Plakat.

Sie betrachten den Mann, der immer noch unbeweglich dasteht, die Arme vor dem Körper verschränkt, den Blick unentwegt geradeaus gerichtet. Einige besichtigen ihn wie eine Sehenswürdigkeit, andere bleiben etwas im Hintergrund und versuchen, den Mann möglichst unauffällig in den Blick zu nehmen. Eltern rufen ihr Kind zu sich, das dem Mann mit offensichtlicher Neugier auf den Leib rücken will. Eine Frau versucht, den Mann anzusprechen – er reagiert nicht.

»Lass uns weitergehen«, sagt sie zu ihrem Begleiter. »Der ist irgendwie unheimlich.« »Ach wo, der will einfach nur schweigen«, meint dieser.

»Also ich würd das nicht um alles auf der Welt tun. Mich hier so hinstellen und mich von den Leuten anstarren lassen!«, erwidert die Frau. Eine andere Passantin weiß Bescheid: »Das ist Herr Hiller. Er steht jeden Samstag hier, immer zwischen elf und zwölf Uhr. Schon seit zwei Jahren! Er will damit auf die vielen Kriege, die ständig in der Welt geführt werden, aufmerksam machen. Nach seiner Schweige-Stunde können Sie mit ihm diskutieren!«

Mit Glockenschlag zwölf Uhr beendet Herr Hiller sein Schweigen und schon bald entwickelt sich ein interessantes Gespräch:

Frage: Und Sie stehen wirklich jeden Samstag hier auf dem Platz und schweigen für den Frieden?
Hiller: Ja.
Frage: Aber stört es Sie denn nicht, wenn die Leute Sie begaffen und dumme Bemerkungen über Sie machen?
Hiller: Nun, ich nehme das in Kauf. Vielleicht bringe ich die einen oder die anderen doch zum Nachdenken. Und oft ergeben sich gute Gespräche – wie jetzt auch.
Frage: Was versprechen Sie sich von dieser Schweige-Stunde?
Hiller: Dass auch die Leute, die vorbeigehen, zum Stillwerden angeregt werden und ein bisschen nachdenken.
Frage: Worüber sollen sie nachdenken?
Hiller: Nun, das wird ganz unterschiedlich sein. Die einen werden vielleicht dankbar sein, dass sie selbst hier in Frieden leben dürfen und dass es ihnen gut geht. Anderen fallen die schrecklichen Nachrichten ein, die wir täglich lesen oder hören, und sie beschließen, dass sie etwas tun wollen. Vielleicht überweisen sie dann eine Spende für die Kriegsopfer oder so.
Frage: Und was hat Sie auf die Idee gebracht, für den Frieden zu schweigen?
Hiller: Ich schweige für den Frieden, weil ich ein überzeugter Christ bin.

MG

Erläuterungen und methodische Anregungen

Nicht nur als Einstieg in die Gesamtthematik eignet sich ein Gespräch über die Zeichnung »**Fische**«:

* »Was sind das bloß für Fische?« kann die erste Frage lauten, die weitere nach sich zieht:
  – Warum schwimmen die Fische in unterschiedliche Richtungen?
  – Sehen die auf der linken Seite alle gleich aus?
  – Aus welchen Gründen sind die auf der rechten einmal allein und einmal als Paar abgebildet?
  – Werden sich die Fische befeinden?
  – Schwimmen sie in der eingeschlagenen Richtung weiter?

Die in Form der Berichterstattung – »**Interessantes aus der Region**« – auf der Jugendseite einer Tageszeitung vorgestellten Beispiele sprechen unterschiedliche lebensweltliche Erfahrungen Heranwachsender an, die den Schülerinnen und Schülern vielleicht bekannt sind oder in denen sie sich möglicherweise wiederfinden können. Im ersten der drei Beispiele sind sowohl Jugendliche als auch Erwachsene die Handelnden; hier gibt die Unterstützung durch die Gemeinschaft Mut und Sicherheit. Dennoch gelten Leute, die nicht alltägliche Ideen verwirklichen, oftmals als Spinner, Ausgeflippte oder naive Weltverbesserer. Bei genauerem Hinsehen erweist sich ihr Handeln jedoch meist als selbstverständliche Notwendigkeit.

Herr Hiller dagegen wird in der **Wochenendreportage** als individuell Handelnder vorgestellt. Er fordert auch nicht, sich mit ihm zu solidarisieren. Sein Schweigen soll Zeichen dafür sein, dass in unserer Welt Dinge nicht in Ordnung sind. Seine Handlung ist meditativ ausgerichtet, hat gleichsam Gebetscharakter. Er bekennt sich als Christ und handelt bewusst als solcher. Besonders an diesem Beispiel wird überdies deutlich, dass für die Umwelt oftmals nicht nachvollziehbare oder unverständliche Handlungsweisen zu widersprüchlichen Reaktionen führen können (vgl. auch den Bericht über die Demonstration gegen Lagerung von Atommüll). Dieses Phänomen kann im Unterrichtsgespräch reflektiert werden. Darüber hinaus können die Schülerinnen und Schüler angestoßen werden, das Handlungsmuster des Herrn Hiller für sich zu erproben.

Die Auseinandersetzung mit diesen Beispielen in arbeitsteiliger Gruppen- oder PartnerInarbeit soll dazu dienen, die jeweilige Motivation der handelnden Personen zu ergründen und selbst Stellung zu beziehen:

* aus den Beispielen Gründe der Personen für ihr Handeln herausfinden
* Meinungen zu den Beispielen formulieren
* in der eigenen Region ähnliche Beispiele suchen und diese in Form einer Wandzeitung präsentieren
* Plakate entwerfen, auf denen weitere Anlässe stehen, wofür zu schweigen notwendig wäre
* Schweigeminuten überlegen und durchführen

Was ist das für einer?

> Wir befinden uns im Dorf Kafarnaum in Palästina. Folgendes könnte sich im Jahr 27 n. Chr. dort ereignet haben:

Wie üblich treffen sich Judit und Hanna beim Wasserschöpfen an der Zisterne.
Judit: Seit der letzten Woche wimmelt es in meiner Nachbarschaft von Fremden. Stell dir vor, eine siebenköpfige Familie wohnt in einem einzigen Raum im Obergeschoß unserer Nachbarn! Erst neulich hat der Fischer Simon, der eine Straße weiter wohnt, seine Schwiegermutter bei sich aufgenommen. Und jetzt wohnt auch noch ein Bauhandwerker aus Nazareth bei ihm zur Untermiete.
Hanna: Ein Bauhandwerker aus Nazareth? Ist das etwa ein gewisser Jesus? Von dem wird so einiges erzählt! Das ist auch einer von den jungen Leuten, die in diesen schweren Zeiten einfach ihre Eltern im Stich lassen. Ich habe gehört, dass seine Familie ihn nach Nazareth zurückholen wollte. Als ältester Sohn trägt er schließlich die Verantwortung für die Familie. Man erzählt, dass sein Vater gestorben sei. Seine Familie ist wirklich im Recht, wenn sie ihn an seine Pflicht erinnert! Aber – stell dir nur vor! – er hält es nicht einmal für notwendig, mit seiner Mutter zu sprechen.
Judit: Und ist er zu seiner Familie zurückgegangen?
Hanna: Nein, seine Mutter und seine Geschwister mussten unverrichteter Dinge wieder zurückreisen. Jetzt haben sie in aller Öffentlichkeit erklären lassen, dass er von Sinnen ist. Sie haben ihn für verrückt erklärt.
Judit: Also ein Verrückter ist er! Ob das die Leute wissen, die ihm in Scharen nachlaufen?

> Nach einigen Tagen: Wieder einmal ist Jesus aus Nazareth Mittelpunkt des Gesprächs an der Zisterne. Heute weiß Judit Neues zu berichten:

Judit: Ich habe dir doch erzählt, dass Jesus bei dem Fischer Simon Unterkunft gefunden hat. Simon besitzt gemeinsam mit seinem Bruder Andreas ein schönes Fischerboot. Wie Simons Frau erzählt, hatten die beiden ein recht ordentliches Einkommen. Die Familie konnte vom Verkauf der Fische ganz gut leben.

Hanna: Wieso sagst du, sie konnte davon gut leben? Kann sie es jetzt nicht mehr?
Judit: Nein! Weil Simon und Andreas nicht mehr arbeiten! Simons Frau ist verzweifelt!
Hanna: Aber warum? Warum arbeiten die beiden nicht mehr?
Judit: Jesus ist an allem schuld! Simon und Andreas sind nämlich mittlerweile mit diesem Menschen dick befreundet und ziehen nun mit ihm durch die Gegend und halten andere von ihrer Arbeit ab. Ich kann das wirklich nicht verstehen – lassen die beiden einfach ihre Netze und das Boot liegen und laufen diesem Jesus nach.

> Auf dem Heimweg kommen Judit und Hanna an einer Gruppe von Männern vorbei, die am Ufer des Sees zusammensitzen.

Simon: Siehst du, Johannes, jetzt kannst du mich verstehen. Jetzt hast du ihn auch gehört und weißt, dass alles, was er sagt, einen tiefen Sinn hat. Du musst ihm zuhören – und das, was er sagt, lässt dir keine Ruhe mehr.
Johannes: Ja, du hast recht! Ich nehme auch zurück, dass ich dich »Spinner« genannt habe; es tut mir leid, wirklich!
Simon: Ist schon in Ordnung, Johannes!
Johannes: Ich werde es nie in meinem ganzen Leben vergessen: Er kam an unserem Boot vorbei, sah Jakobus und mich dasitzen und die Netze flicken. Er blieb nur einen Augenblick lang stehen – oder war es eine ganze Ewigkeit? – und sagte: »Ich brauche euch beide, Jakobus, Johannes!«
Jakobus: Ja, er sagte: »Werdet meine Freunde, ihr beide! Euch brauche ich als Freunde!« So habe ich es jedenfalls in Erinnerung. Und ich – ich wusste es: Ich will sein Freund sein – komme, was da wolle!
Johannes: Mir ging es nicht anders. So sicher war ich meiner Sache noch nie. Als er sagte »Folge mir«, wusste ich: Das ist genau das, was ich schon immer wollte... Ach, es ist so schwer zu erklären!
Andreas: Wie recht du hast! Ich habe bis heute nicht die richtigen Worte gefunden, es meiner Frau und meiner Familie zu erklären.
Simon: Das bedrückt mich auch. Ich kann es meiner Frau nicht verständlich machen, dass ich mit Jesus gehen muß. Ja, sie braucht mich. Aber auch er braucht mich …

Und dem laufen sie nach?

> Heute kommen Hanna und Judit vom Markt zurück. Ihr Weg führt sie über die Zollstation. Weil Markttag ist, herrscht dort großer Andrang. Einige stöhnen, weil die Ein- und Ausfuhr der Waren mit immer höheren Steuern belegt wird. Etwas abseits steht eine Gruppe von Männern. Daniel, ein Hirte, der Wirt Jussuf und Benjamin, ein Gewürzhändler, sind sichtbar in ein Gespräch vertieft.

Daniel: Und das hat er wirklich erzählt?

Jussuf: Wenn ich‹s dir sage: Ich war ja schließlich dabei!

Daniel: So etwas Verrücktes! Das kann sich nur einer ausdenken, der keine Ahnung vom wirklichen Leben hat. Aber wir wissen ja alle, dass dieser Jesus ein seltsamer Mensch ist!

Jussuf: Aber erleben möchte ich so etwas schon gerne! Stell dir vor, da kommt ein Samariter, so ein Weltverbesserer, und schleppt dir einen ins Haus, der überfallen und beraubt wurde. Und du sollst ihn gesund pflegen. Als ob ich ein Hospital hätte! Und dann...

Benjamin: Und dann verlangt er noch von dir, dass du dir die Hände schmutzig machst! Na, was willst du von einem Samariter auch anderes erwarten!

Jussuf: Nun ja, aber bedenke: Er würde mich dafür großzügig entschädigen und mir so viel Geld geben, wie ich verlange! Dafür würde ich mich schon mal verunreinigen!

Daniel: Ich weiß nicht ... ob das recht ist?

Benjamin: Und wie war das in der Geschichte noch mal mit dem Priester und dem Leviten?

Jussuf: Wenn ich das richtig verstanden habe, dann hat dieser Jesus tatsächlich behauptet, dass sich der Priester und der Levit falsch verhalten hätten. Er meint, sie hätten dem Verletzten helfen sollen. Aber dann wären sie ja unrein geworden und hätten nicht mehr Gottesdienst feiern dürfen!

Daniel: Ich versteh die Welt nicht mehr. Und dann behauptet Jesus felsenfest, wir sollten uns diesen Samariter zum Vorbild nehmen!

Benjamin: Und stell dir vor – da gibt es Leute, die fest davon überzeugt sind, Jesus sei ein Rabbi! Und laufen ihm in Scharen nach!

> Hanna und Judit haben dieses Gespräch interessiert verfolgt.

Judit: Also weißt du, Hanna, ich war auch dabei, als Jesus die Geschichte von dem erzählt hat, der unter die Räuber gefallen ist. Aber ich habe sie anders verstanden als diese Männer!

Hanna: Ich kann dazu nichts sagen, weil ich sie nicht gehört habe. Aber mein Mann Timon meint, dass Jesus kein richtiger Rabbi sein kann.

Ist es erlaubt?

> Im Vorraum der Synagoge herrscht große Aufregung. Während die einen immer wieder begeistert von Jesus erzählen, zeigen sich die anderen empört: »Er hat das Sabbatgebot gebrochen!«

Jussuf: Es ist unmöglich, er nimmt sich immer größere Freiheiten heraus! Wohin wird das noch führen?

Ephraim: Vielleicht führt es dazu, dass sich endlich etwas verändert! Es kann doch nicht richtig sein, dass die Gesetze größeren Wert haben als ein Menschenleben!

Jussuf: Na prima! Ephraim – hat er dich auch schon verführt? Aber was kann man von einem Knoblauchverkäufer wie dir schon erwarten!

Hanna: Timon, mein Mann, sagt: ›Dieser Jesus ist gefährlich.‹ Und jetzt haben wir es ja selbst gesehen: Er hält sich nicht einmal an den Sabbat!

Judit: Ich versteh dich nicht, Hanna! Du warst doch auch von Jesus begeistert! Außerdem erklär mir mal: Was ist denn Schlimmes daran, wenn er sich am Sabbat um kranke Menschen kümmert?

Ephraim: Eben! Das Gebot der Nächstenliebe steht doch höher als das Sabbatgebot!

Jussuf: Also ich halte mich an den Sabbat! Schließlich bin ich ein frommer Jude! Ich gehe zum Gebet in die Synagoge, halte die vorgeschriebene Sabbatruhe ein und verrichte am Sabbat keine Arbeiten – ganz so, wie es im Gesetz vorgeschrieben ist. Und ihr wisst doch sicher, was dort steht: »Wer den Sabbat entweiht, soll mit dem Tod bestraft werden.«

Judit: Aber bedenke, dass es unterschiedliche Möglichkeiten gibt, das Sabbatgebot auszulegen! Es gibt auch Schriftgelehrte die sagen: »Jede Lebensgefahr verdrängt den Sabbat.«

Hanna: Dieser Mann mit der verkrüppelten Hand war doch nicht in Lebensgefahr!

Ephraim: Das kommt ganz darauf an, wie du seine Behinderung siehst! Ich sage: Jesus hat richtig gehandelt!

Jussuf: Und ich sage: er verdient den Tod!

Hanna: Nun, ich bin nicht dafür, ihn gleich zu töten. Aber...

Jussuf: Ich sage euch: er ist ein gefährlicher Mensch. Einer, der ständig Unerlaubtes tut.

Ephraim: Und wer sagt dir, was erlaubt ist? Vielleicht sollten wir lieber fragen: Was ist richtig?

Nachbildung der Synagoge von Kafarnaum

Es ist nicht erlaubt

– sich anders als üblich zu verhalten.
– den Menschen in den Mittelpunkt zu stellen.
– Vorschriften zu missachten.
– neue Ideen zu verwirklichen.
– kranke Menschen zu heilen.
– das Gesetz zu brechen.
– eine eigene Meinung zu haben.
– auf ein besseres Leben zu hoffen.

Wissenswertes Wissenswertes Wissenswertes

Levit
Angehörige des Stammes Levi, die in Israel priesterliche Funktion ausübten. Sie brachten Opfer dar, segneten die Menschen und vermittelten ihnen das Wort Gottes. Zur Zeit Jesu waren sie im Tempel von Jerusalem als Kultdiener, Sänger oder Gesetzeslehrer angestellt.

Pharisäer
Sie stellten im Judentum eine religiöse Partei dar, die für eine gründliche Kenntnis der Thora und der Tradition eintrat und beim Volk großen Einfluss besaß. Dieser Partei gehörten auch viele Schriftgelehrte an. Zahlreiche Mitglieder der Partei der Pharisäer traten für die strengste Auslegung des Gesetzes und der Überlieferung ein. Sie dachten einseitig und zeigten übertriebenen Eifer in der Einhaltung der Thora. Vielfach verachteten sie die einfachen Menschen und galten daher als stolz und hochmütig. Gegen diese extreme Richtung wendet sich Jesus mit seiner Verkündigung.

Priester
Die Priester in Israel stammen aus Priesterfamilien, die zum Stamm Levi (= Leviten) oder zum Stamm Aarons gehören. Zu ihren Aufgaben gehörte der Unterricht in religiösen Fragen, der Opferdienst, die Verwaltung der Tempelgüter und die Aufsicht über den Tempel.

Sabbat
»Sechs Tage magst du deine Arbeit verrichten, am siebten Tag aber sollst du feiern, damit auch dein Rind und dein Esel ausruhen und der Sohn deiner Magd und der Fremde aufatmen.« (Ex 23,12) »Jeder, der am Sabbat arbeitet, soll mit dem Tod bestraft werden.« (Ex 31,15)
Die pharisäischen Lehrer zur Zeit Jesu waren sich nicht darüber einig, wie streng die Sabbatvorschriften auszulegen seien. So gab es sehr radikale Einstellungen, nach denen nicht nur das Behandeln von Kranken, sondern sogar die Lebensrettung am Sabbat untersagt war. Andere dagegen meinten, das Leben von Menschen und Tieren stehe auf jeden Fall über dem Sabbat.

Samaria
Das Bergland von Samaria liegt zwischen Galiläa und Judäa. Daher führen viele Reisewege durch diese Landschaft. Die dort lebenden Menschen wurden von der jüdischen Bevölkerung gemieden. Zwischen den Gruppen des jüdischen und samaritanischen Volkes herrschte zur Zeit Jesu bittere Feindschaft. Jüdische Gläubige warfen den Menschen in Samaria vor, dass sie Gott auf dem Berg Garizim verehrten und dort Gottesdienst feierten.

Synagoge
Die Synagoge ist das Versammlungshaus von Männern, Frauen und Kindern, die der jüdischen Religion angehören. Hier kommen die Menschen zusammen um miteinander zu beten, Gottesdienst zu feiern oder Feste zu begehen. Die Erwachsenen lesen dort in den heiligen Schriften und diskutieren darüber. Die Kinder treffen sich zum Religionsunterricht. Zur Zeit Jesu hatten nur Männer und Jungen Zugang zum eigentlichen Gottesdienstraum. Mädchen und Frauen mussten sich in einem gesonderten Raum, der durch Gitter abgetrennt war, oder auf einer Empore aufhalten.
Im Gottesdienstraum befindet sich der – meist reich verzierte – Thoraschrein. In ihm wird die Thorarolle aufbewahrt, die in einen geschmückten Thoramantel eingehüllt ist.

Thora
Die Thora (= Weisung) ist die wichtigste Schrift der Juden und Jüdinnen. Sie enthält die fünf Bücher Mose: Genesis, Exodus, Levitikus, Numeri, Deuteronomium. Diese Bücher befinden sich auch in der christlichen Bibel. Auch heute noch ist die Thora, aus der im jüdischen Gottesdienst vorgelesen wird, kein Buch mit Seiten. Der Text ist auf eine große Papierrolle geschrieben, die auf zwei Holzstäbe aufgerollt ist.

Zollstation
Zur Zeit Jesu waren den Menschen in Palästina von der römischen Besatzungsmacht viele und hohe Steuern auferlegt worden. Diese Gelder wurden durch jüdische Zollunternehmer erhoben, die an wichtigen Handelsstraßen oder Stadttoren eine Zollstation einrichteten. Da diese Zollunternehmer meist hohe Pachtzinsen nach Rom entrichten mußten, wurden manche dazu verleitet, überhöhte Bearbeitungsgebühren zu kassieren. Dies führte dazu, dass die Zöllner einen schlechten Ruf hatten.

Erläuterungen und methodische Anregungen

Basis der Dialoge um die Gestalt Jesu von Nazareth sind die folgenden Perikopen: Mk 3,20f.31-33 (Die Verwandten Jesu); Mk 1,16-20 par. Mt 4,18-22 (Die Berufung der ersten Jünger); Mk 3,1-6 (Heilung am Sabbat) und Lk 10,29-37 (Gleichnis vom barmherzigen Samariter). In ihnen kommt zum Ausdruck, dass Jesus von Beginn seines öffentlichen Auftretens an zur Entscheidung herausfordert. Das Spektrum der Stellungnahmen ist groß: Während seine eigene Familie zum Schluss kommt, er habe den Verstand verloren, und die religiösen Führer ihm große Skepsis entgegenbringen, begeben sich einfache Frauen und Männer ebenso wie reiche Ratsherren in seine Nachfolge. Die Auseinandersetzung um Jesus aufgrund seiner Botschaft und seines provozierenden Handelns (etwa den Heilungen am Sabbat) führt letztlich zum Beschluss der Mächtigen, ihn zu töten. Die Heilung des Mannes mit der verdorrten Hand ist nach dem Markusevangelium der erste Anstoß für die Pharisäer, das Todesurteil über Jesus zu beschließen. Darüber hinaus verdeutlichen alle gewählten Texte: In der Begegnung mit Jesus geht es damals wie heute immer wieder um die Frage: **»Was ist das für einer, der....?«**

Die hier gewählte Art der »Übersetzung« biblischer Texte in Form von Dialogen erlaubt einen Einblick in die Lebensbedingungen der damaligen Zeit. Überdies vermittelt sie in ihrer perspektivischen Darstellung besonders klar mögliche Einschätzungen und Bewertungen des Handelns und der Person Jesu.

Ablehnung und Verurteilung
Das ist einer von den jungen Leuten, die in diesen schweren Zeiten einfach ihre Eltern im Stich lassen.
Er hält es nicht einmal für notwendig, mit seiner Mutter zu sprechen. Sie haben ihn für verrückt erklärt.
Er hat an allem Schuld. Er muss sterben.

Nachfolge und Bekenntnis
Was er sagt, hat tiefen Sinn.
Er braucht mich.
Ich will sein Freund sein.
Du bist der Heilige Gottes.

Die Szene **»Und dem laufen sie nach?«** besitzt drei Ebenen: das Markt- und Zollgeschehen, die Beispiel-Geschichte vom Samariter und ein fiktives Gespräch über diese Erzählung Jesu. Durch diese Verquickung können sich für Schülerinnen und Schüler unter Umständen Verständnisschwierigkeiten ergeben. Zusätzlich ist auf die Spannung zwischen jüdischer und samaritanischer Bevölkerung und Religion hinzuweisen. Für Juden und Jüdinnen war der Umgang mit Menschen aus Samaria gleichbedeutend mit Verunreinigung. Diese konnte nur durch das Befolgen einer bestimmten Reinigungsvorschrift beseitigt werden. Gleiches galt für die kultische Verunreinigung mit Blut (Priester, Levit). Trotz (oder auch wegen) der gegebenen Komplexität des Sachverhalts liegt die Chance der Bearbeitung dieser Szene darin, mit möglichen Reaktionen der damaligen Menschen auf die Wortverkündigung Jesu konfrontiert zu werden. In der Überlieferung und Wirkungsgeschichte der Evangelien tritt dieser Aspekt häufig in den Hintergrund.

Bei der Krankenheilung am Sabbat – **»Ist es erlaubt?«** – handelt Jesus in Kenntnis des Schriftgesetzes »Wer den Sabbat entweiht, den soll man mit dem Tod bestrafen«. Auf diesem Hintergrund wird deutlich, welch radikal andere Sinndeutung Jesus dem Gesetz gibt. Aus heutiger Sicht ist es schwierig, diese Sachlage nachzuvollziehen. Diese unbedingte Zuwendung Jesu zum Menschen – basierend auf dem Gebot der Gottes- und Nächstenliebe – als Auftrag an alle, die ihm nachfolgen, wird im Gleichnis vom barmherzigen Samariter verdeutlicht.

* die jeweilige Szene mit verteilten Rollen lesen und nach- bzw. weiterspielen
* weitere Personen einführen, die auf andere Weise Stellung zu Jesus beziehen
* die Szenen mit den jeweiligen Bibeltexten vergleichen
* überlegen, welche Reaktionen das Verhalten Jesu heute auslösen würde
* den Text »Es ist nicht erlaubt« zum Ausgangspunkt einer Pro-Contra-Diskussion machen

In Form einer Stilleübung **»Jesus ins Gesicht schauen«** eröffnet sich den Schülerinnen und Schülern die Möglichkeit, ihre eigenen Fragen zu formulieren und ihre Jesus-Vorstellung mit Farben oder in sprachlicher Form zu gestalten.

Jesus ins Gesicht schauen

du schaust mich an
du fragst mich: Wer bin ich für dich?
ich schaue dich an
ich möchte dich so viel fragen

(Gem)einsam

*einsam sein –
miteinander leben*

Leitmotiv

SICH ZUWENDEN		
Offenheit	Gemeinschaftsfähigkeit	Solidarität

Intentionen

– defizitäre Lebenskontexte wahrnehmen
– sich in die Lebensbedingungen anderer hineinversetzen können
– Felder erschließen, in denen Menschen in Gemeinschaft einbezogen werden und sich entfalten können

Worum es geht

»Wer weiß denn schon, dass du hier wohnst?« In dieser Frage artikuliert sich ein Kernproblem unserer Zeit, das in diesem Kapitel bedacht wird. Beziehungslosigkeit oder mangelnde Zuwendung zu den Menschen und Dingen in unserer Umgebung bestimmen häufig unser Verhalten. Besonders betroffen sind Lebenssituationen, die »quer« zu unseren eigenen stehen. Hier sensibel und handlungsbereit sein, fällt oft schwer.
Dem Lied »Jesus wohnt in unserer Straße« liegt Mt 25,40 (»Was ihr dem [der] geringsten meiner Brüder [und Schwestern] getan habt, das habt ihr mir getan!«) zugrunde. Es fordert, einem ethischen Imperativ gleich, Zuwendung zu allen.
Geführt durch eine fortlaufende Erzählung, in der Isabelle ihre Umgebung erkundet, wird in der Beschäftigung mit dem Kapitel die Möglichkeit geboten, den Blick für unbekannte und ungewohnte Lebenssituationen zu schärfen. Die einzelnen Elemente des Kapitels sind auf den Liedtext bezogen und dürften im allgemeinen im Erfahrungsbereich der Schülerinnen und Schüler liegen.

Wer weiss denn schon, dass du hier wohnst?

Endlich Ferien! Nun kann Isabelle sich für all das Zeit nehmen, was sie schon lange unbedingt machen wollte. Seit einem halben Jahr wohnt sie in der Waldsiedlung und noch immer kennt sie sich hier nicht richtig aus. Vergnügt pfeifend verlässt sie das Haus und schlendert den Gehweg entlang. Nur wenige Menschen sind heute Morgen unterwegs. Herr Polter aus dem Nachbarhaus führt Albert, einen Mischlingsrüden, an der Leine. Isabelle nickt ihm freundlich zu. ›Komisch‹, denkt sie, ›sonst sind doch immer Tine und Marc mit ihrem Hund unterwegs - ob die verreist sind? Haben sie den Opa allein gelassen? Was macht der wohl die ganze Zeit in dem großen Haus? Ob er eine eigene Wohnung hat? Ob er sich sein Essen selbst kocht? Er erinnert mich ein bißchen an meinen Uropa. Schade, dass wir jetzt so weit weg von ihm wohnen! Ob er sich im Altenwohnheim wirklich wohl fühlt? Wie gerne würde ich ihn jetzt ausfragen: »Du, wie ist das eigentlich: alt sein?«‹

*

Während Isabelle noch ihren Gedanken nachhängt, steigt ihr der Duft frischer Brötchen in die Nase. Sie bleibt stehen und schnuppert. Oh – ist das nicht Sabrina, die gerade aus dem Bäckerladen herauskommt und auf ein todschickes Fahrrad zusteuert? »Hallo, hast du Brötchen für euch geholt?«, spricht sie die Klassenkameradin an. »Nö, nur für mich, leckere Schokocroissants.« »Du hast aber ein tolles Fahrrad!«, staunt Isabelle. »Na ja, geht so«, meint Sabrina. »Hast du Lust, mit zu mir zu gehen? Ich lad dich ein!« Und schon sind die beiden Mädchen auf dem Weg. In dem fünfstöckigen Mietshaus fahren sie mit dem Aufzug nach oben. Sabrina schließt die Wohnungstür auf. »Magst du auch Kakao? Ich mach uns welchen. Dort ist mein Zimmer – schau dich ruhig ein bisschen um!« »Einfach toll!«, mehr kann Isabelle nicht sagen. Und dann vergeht die Zeit viel zu schnell mit Spielen, Fernsehen und Musikhören.

*

»Komm doch bitte morgen wieder!«, klingt es Isabelle noch im Ohr, als sie den Nachhauseweg über den Wiesen-Trampelpfad abkürzt. An der Zaunecke der Schule für Behinderte mit Wohnheim führt der Pfad wieder auf die Straße. Ganz selten geht Isabelle hier entlang, und so schaut sie neugierig über die Hecke. Auf dem Hof spielt eine Gruppe Jugendlicher in Rollstühlen Basketball. Ganz in der Ecke entdeckt sie eine Betreuerin. ›Hier ist ja richtig was los!‹, schießt es ihr durch den Kopf. Plötzlich hört sie neben sich unverständliche Laute. Ein Junge will Isabelle etwas fragen – oder erklären? Sie kann ihn nicht verstehen und zuckt nur fragend die Schultern. Warum der Junge wohl nicht richtig sprechen kann? Da taucht ein junger Mann auf: »Kann ich euch helfen?« »Ich ... ich«, stottert Isabelle. »Du möchtest dich sicher bei uns ein bisschen umschauen«, vermutet der junge Mann. »Du kannst mich Peter nennen«, sagt er und legt seinen Arm um den Jungen. »Das ist Michael. Er wohnt hier.« Michael strahlt Isabelle an. »Ich leiste hier meinen Zivildienst ab«, erklärt Peter. Isabelle hat viele Fragen. »Und was machst du da so? Gefällt es dir? Woher kommt es eigentlich, dass Menschen geistig behindert sind? Kann Michael noch richtig sprechen lernen? Geht er auch in die Schule?« Peter lacht und beantwortet geduldig ihre Fragen.

*

Abends liegt Isabelle in ihrem Bett und denkt an die Erlebnisse des vergangenen Tages. Als die Mutter noch einmal nach ihr schaut und ihr eine gute Nacht wünscht, kuschelt sich Isabelle glücklich in ihr Kissen. ›Mir geht es doch wirklich gut‹, sagt sie sich. ›Auch wenn ich nicht so tolle Sachen wie Sabrina habe.‹

Am letzten Ferientag ist Isabelle mit ihrer besten Freundin zu einer Fahrradtour mit Picknick verabredet. Nun radeln sie durch die Gerberstraße. »Irgendwie ist es hier anders als bei uns in der Siedlung«, stellt Isabelle fest. »Klar, hier stehen nur Mehrfamilienhäuser. Und außerdem wohnen hier fast nur ausländische Familien«, sagt Lisa. »Guck mal, dort in dem gelben Haus wohnt Reschad. Und ganz am Ende der Straße ist Kadir zu Hause.« Kadir, ein türkischer Junge, gehört von Anfang an zur Klasse, in die Isabelle und Lisa gehen. Reschad ist mit seinen Eltern und den vier Geschwistern erst vor ein paar Monaten aus Afghanistan nach Deutschland gekommen. ›Groß sehen die Wohnungen nicht grad aus‹, denkt Isabelle. ›Außer Parkplätzen und Mülltonnen ist weit und breit nichts zu sehen.‹

*

Am Ende der Gerberstraße biegen Isabelle und Lisa nach links ab. Ihr Ziel ist der Waldspielplatz. Auf der Wiese hinter der alten Ziegelei entdeckt Isabelle ein aufgeschlagenes Zelt. »Du«, sagt Lisa, »das steht schon länger hier. Letzte Woche, als ich hier mit meinem Vater vorbeikam, hab ich es auch schon gesehen.« »Wild zelten ist doch nicht erlaubt!«, entgegnet Isabelle. Die beiden Mädchen sind mitten auf dem Radweg stehen geblieben und starren in Richtung Zelt. Plötzlich klingelt es hinter ihnen. Eine Frau in abgetragener und bunt zusammengewürfelter Kleidung fährt auf einem verrosteten Fahrrad knapp an ihnen vorbei, auf das Zelt zu. »Ob die da wohnt?«, flüstert Isabelle. »Ach Quatsch«, erwidert Lisa, »hier kann man doch nicht wohnen!« Komm, lass uns endlich weiterfahren!« Auf dem Waldspielplatz treffen sie Sabrina, Jürgen, Stefan und Tina. Es wird noch ein schöner Tag. Schade, dass die Ferien nun vorbei sind!

*

Die Schule hat wieder begonnen. Die neue Klassenlehrerin, Frau Unverzagt, scheint nett zu sein. Mittwochs beginnt der Schultag immer mit einem Morgenkreis. Heute möchte Kadir von seinem schönsten Ferienerlebnis berichten: Dem »Zuckerfest«. Einige in der Klasse machen sich darüber lustig. Aber Kadir erzählt begeistert:
»Mein Lieblingsfest ist das «seker bayrami«, das Zuckerfest. Es ist ein bewegliches Fest. Das bedeutet, dass es jedes Jahr an einem anderen Datum gefeiert wird. Das Zuckerfest wird immer am Ende des Fastenmonats Ramadan gefeiert, der in jedem Jahr dreizehn Tage früher als im vorherigen Jahr beginnt. Der Fastenmonat dauert dreißig Tage. Für die Erwachsenen ist es in dieser Zeit Pflicht, von morgens vor Sonnenaufgang bis abends nach Sonnenuntergang weder zu essen noch zu trinken oder zu rauchen. Dieses Fasten ist für uns eine Form von Gottesdienst. Wir Kinder brauchen jedoch noch nicht zu fasten. Auch Kranke und Menschen, die schwer arbeiten müssen, sind von dieser Pflicht befreit. Und Frauen, die ein Kind erwarten oder die ihr Baby stillen, ist das Fasten verboten. Sie können diese Pflicht zu einem anderen Zeitpunkt erfüllen. Das Zuckerfest dauert drei Tage, aber der erste Feiertag ist der wichtigste. Es ist ein Freudenfest: Die Erwachsenen freuen sich darüber, dass sie ihre Fastenpflicht erfüllen konnten. Außerdem denken wir daran, dass Mohammed Gottes Offenbarung empfangen hat. Wenn keine Ferien sind, bekomme ich sogar schulfrei, damit ich am Fest teilnehmen kann. Schon ein paar Tage vorher fange ich an, mich zu freuen. Dann erhalten meine Geschwister und ich nämlich neue Kleidung; die dürfen wir am Zuckerfest zum ersten Mal anziehen. Der erste Feiertag beginnt am frühen Morgen mit dem Gottesdienst in der Moschee. Allerdings nur für Männer und für Jungen. Meine Mutter und meine Schwestern bereiten in dieser Zeit ein festliches Frühstück vor. Wenn wir nach dem Gottesdienst nach Hause kommen, gratulieren wir uns alle gegenseitig zum Zuckerfest. Und wir Kinder bekommen dann viele Süßigkeiten und Geld geschenkt. Danach wird ausgiebig gefrühstückt. Es gibt viele leckere Sachen, sehr süße Speisen, aber auch ganz scharfe Gerichte. Nach dem Frühstück besuche ich dann gemeinsam mit meinen Geschwistern Verwandte und Bekannte, um ihnen zu gratulieren. Auch hier werden wir wieder mit Süßigkeiten oder mit Geld beschenkt. Vor allem die älteren Leute erhalten an diesem Fest viel Besuch. Die Erwachsenen setzen sich dann zusammen und unterhalten sich. Es ist wirklich ein schönes Fest, oder?«
Isabelle findet auch, dass es ein schönes Fest ist. »Schade, dass es bei uns nicht gefeiert wird!« Auch die, die vorher gelacht hatten, sind beeindruckt.

Heute machen Isabelle und Lisa die Hausaufgaben gemeinsam. Sie sitzen stöhnend in Lisas Zimmer: »So ein schweres Thema! ›Obdachlose in unserer Stadt‹. Wo könnten wir uns nur erkundigen?« Isabelle erinnert sich an die Frau, die sie beim Ausflug zum Waldspielplatz gesehen haben: »Lisa, weißt du noch – die Frau mit dem klapprigen Fahrrad auf der Wiese hinter der alten Ziegelei? Das ist doch bestimmt eine Obdachlose. Ob wir die mal ansprechen?« Lisa überlegt. »Vielleicht will sie ja gar nicht mit uns reden? Aber wir können es ja mal probieren!« »Und dann könnten wir ja auch in der Stadtverwaltung nachfragen!«, schlägt Isabelle vor. »Lass uns doch mal die Ideen aufschreiben!« –

- Frau im Zelt auf der Wiese interviewen
- in der Stadtverwaltung fragen (wen?)
- im Pfarrbüro fragen
- in die Teestube am Bahnhof gehen

- was wir fragen wollen:
  ○ warum werden Leute obdachlos?
  ○ wovon leben sie?
  ○ wie viele Obdachlose gibt es in unserer Stadt?
  ○ was machen sie im Winter?
  ○ eigentlich ist es doch schön, frei zu sein?
  ○ sind alle vom Alkohol abhängig?
  ○ was machen sie, wenn sie krank sind?
  ○ wie reagieren die Leute, wenn Obdachlose betteln?
  …

Die Liste wird immer länger. »Nur gut, dass wir das Referat erst in zwei Wochen halten müssen!«

*

Am späten Nachmittag fährt Isabelle müde nach Hause. In der Nähe der St.-Andreas-Kirche trifft sie auf Felix und Birgit, die es ziemlich eilig haben. »Wo wollt ihr denn hin?«, ruft sie. »Zur Gruppenstunde!«, tönt es beinahe einstimmig. »Und was macht ihr da so?«, will Isabelle wissen. »Oh, eigentlich ne ganze Menge, tolle Spiele und so«, antwortet Felix. »Aber heute haben wir was Wichtiges vor«, sagt Birgit. »Wir wollen nämlich unseren Beitrag für das Pfarrfest vorbereiten.« »Was für'n Fest?«, fragt Isabelle nach. »Na, das Fest unserer Pfarrgemeinde«, erklärt Felix geduldig. »Ja, und jede Gruppe bereitet eine Überraschung vor. Wir wollen ein Puzzle basteln, das unsere Gemeinde darstellt«, fügt Birgit hinzu. »Aber nun komm, Birgit!«, ruft Felix, »sonst kommen wir noch zu spät. Ich habe eine tolle Idee, was wir zeichnen könnten. Tschüs, Isabelle!«

Als Isabelle an der Aushangtafel der Gemeinde vorbeifährt, steigt sie von ihrem Fahrrad ab. Aha – da steht es: Pfarrfest am 25. Mai – und dann ist da noch der Hinweis auf ein Treffen auf der Marienburg... Isabelle liest interessiert:

Das **Pfarrfest** findet in diesem Jahr am 25. Mai statt. Es steht unter dem Motto: »Heute feiern alt und jung«. Die ganze Pfarrgemeinde ist herzlich eingeladen. Das Fest beginnt morgens um 10.00 Uhr mit der hl. Messe im Altenheim. Das Ende des Festes ist offen. Für das leibliche Wohl und gute Unterhaltung ist bestens gesorgt. Der Erlös des Pfarrfestes ist für die Anschaffung eines behindertengerechten Busses bestimmt. Über Preise für die Tombola würden wir uns sehr freuen. Diese können ab sofort im Pfarrbüro abgegeben werden.

Liebe Messdienerinnen und Messdiener!
In diesem Jahr ist für den 4. Juli ein Regionaltreffen geplant, zu dem die Messdiener/innen aller Pfarreien eingeladen sind. Der Tag findet auf der Marienburg statt, wo es Gelegenheit zu vielfältigen Aktionen gibt. Den Gottesdienst am Ende des Tages werden wir gemeinsam mit unserem Bischof feiern. Alle, die mitfahren möchten, melden sich möglichst umgehend im Pfarrbüro an.

»Auf die Marienburg wollte ich schon lange mal fahren«, denkt Isabelle. »Aber ich bin ja keine Messdienerin. Schade! Vielleicht sollte ich mich mal mit Felix und Birgit unterhalten?«

»... Das habt ihr mir getan«

Der Evangelist Matthäus schildert das »Weltgericht« über die Völker der Erde (Mt 25,31-46). Nach langer Zeit wird Jesus Christus zurückkommen, um über alle Menschen das Urteil zu fällen. Matthäus stellt den Maßstab vor, der im Gericht an die Menschen gelegt wird:

»... ich war hungrig, und ihr habt mir zu essen gegeben; ich war durstig, und ihr habt mir zu trinken gegeben; ich war fremd und obdachlos, und ihr habt mich aufgenommen; ich war nackt, und ihr habt mir Kleidung gegeben; ich war krank, und ihr habt mich besucht; ich war im Gefängnis, und ihr seid zu mir gekommen.« (Mt 25,35f.)

Matthäus zählt in seiner Schilderung sog. »Liebeswerke« auf. Sie waren im Judentum sehr geschätzt. Alle frommen Menschen bemühten sich, auf diese Weise Gutes zu tun: Sie übten Gastfreundschaft gegenüber Fremden; sie nahmen Waisenkinder auf und sorgten für ihre Erziehung; sie besuchten kranke Menschen; sie kümmerten sich um eine würdige Bestattung der Verstorbenen und sie trösteten die trauernden Angehörigen. Menschen, die ihre Liebe schenkten, lebten wirklich nach der jüdischen Thora, dem »Gesetz«. Auch die Christinnen und Christen zur Zeit des Matthäus waren bemüht, nach dem »Gesetz der Barmherzigkeit« zu leben.

Doch Matthäus macht noch auf etwas anderes aufmerksam. Es geht nicht darum, nur bestimmten Menschen Liebe zu schenken – etwa denen, die wir kennen oder die uns sympathisch sind. Das »Gesetz der Barmherzigkeit« gilt auch für unbekannte Menschen oder solche, die uns nicht sympathisch sind. Es gilt für die »Geringsten«, d.h. für diejenigen, die gar nichts gelten.

»Was immer ihr für einen oder für eine der Geringsten getan habt, das habt ihr mir getan.« »Was immer ihr für einen oder für eine der Geringsten nicht getan habt, das habt ihr mir nicht getan.« (vgl. Mt 25,40.45)

Das wichtigste am Maßstab für das Urteil über die Menschen ist daher folgendes: Jesus Christus stellt sich auf die Seite der Menschen, die nichts gelten. Er ergreift ihre Partei. Er ist selbst betroffen, wenn Menschen sich um die kümmern, die in besonderer Weise Liebe brauchen. Oder wenn sie es nicht tun.

Jesus wohnt in unsrer Straße

T: Rudolf-Otto Wiemer / M: Ludger Edelkötter.
© Impulse Musikverlag, 48317 Drensteinfurt

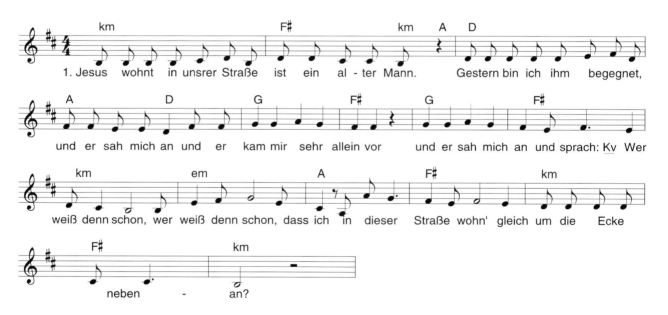

2. Jesus wohnt in uns‹rer Straße,
hat keine Beine mehr.
Gestern bin ich ihm begegnet,
rollte vor mir her.
Und er saß im seinem Rollstuhl,
und er sah mich an und sprach

3. Jesus wohnt in uns‹rer Straße,
ist 'ne kranke Frau.
Gestern bin ich ihr begegnet,
und ihr Haar war grau.
Und es zitterten die Hände, und sie
sah mich an und sprach:

4. Jesus wohnt in uns‹rer Straße,
ist ein Schlüsselkind.
Gestern bin ich ihm begegnet,
eiskalt pfiff der Wind.
Und es stand am Zaun und weinte,
und es sah mich an und sprach.

Jeden Mittwoch...

Dreimal wöchentlich findet nachmittags in der Cuno-Rabe-Schule Hausaufgabenbetreuung statt. Während die Kinder vormittags hier mit ihren Lehrerinnen und Lehrern Rechnen, Deutsch und Sachkunde nach Lehrplan lernen, geht es am Nachmittag locker zu. Vielen Kindern ist eines gemeinsam: Sie sind in der Schule nicht besonders gut. Viele von ihnen sprechen zu Hause nicht deutsch, sondern ihre Muttersprache: Türkisch, Russisch oder einen afrikanischen Dialekt. In Deutsch haben die meisten ihre Probleme. Deshalb gibt es die Hausaufgabenhilfe, unterstützt von der Caritas. Caroline R. besucht die 11. Klasse des Gymnasiums – und macht seit drei Jahren mit. Sie erzählt:

»Die etwa vierzig Jungen und Mädchen von der ersten bis zur zehnten Klasse können eineinhalb Stunden nutzen, um ihre schulischen Leistungen zu verbessern. In zwei Gruppen aufgeteilt, machen die Kinder hier ihre Hausaufgaben. Die eine Gruppe wird von Kindern der ersten bis zur fünften Klasse besucht, die andere von Schülerinnen und Schülern der sechsten bis zur zehnten Klasse.

Die Betreuerinnen und Betreuer sind zum größten Teil Schülerinnen und Schüler der Stadt. Ich denke, dass einer der Gründe, warum hier Jugendliche gern gesehen sind, in der Tatsache liegt, dass diese sich zum einen mit dem Unterrichtsstoff auskennen und zum anderen selbst in ihren Schulen mit den Problemen ausländischer Kinder und Jugendlicher konfrontiert werden.

Ich bin jeden Mittwoch da, um den Kindern zu helfen. Angefangen habe ich bei der Hausaufgabenhilfe, um mir etwas Taschengeld zu verdienen. Inzwischen macht es mir so viel Spaß, dass ich gerne den Stress auf mich nehme, mich gleich nach dem Unterricht wieder mit Schule zu beschäftigen. Wenn ich dann gegen 16 Uhr nach Hause komme, habe ich meist selbst noch einiges für die Schule zu tun. Aber mit den Kindern zu arbeiten ist schon o.k. Langweilig wird mir die Zeit sicher nicht.

Vielleicht stellt sich jetzt die eine oder der andere diese Einrichtung als eine Art Schule vor. Doch dort geht es ganz anders zu. Ich habe das Gefühl, dass sich die Kinder immer sehr auf diese Nachmittage freuen. Sie erzählen sich dann gegenseitig von ihren Erfahrungen in der Schule oder was sie mit ihren Freundinnen und Freunden erlebt haben. So bekomme auch ich sehr viel vom Leben und der Kultur der Kinder mit: Wie sie zu Hause leben, was sie essen oder wie es bei ihnen überhaupt so zugeht. Mitunter wird es dann richtig laut und manchmal werden auch Streitigkeiten ausgetragen. Dann ist es oft gut, wenn andere da sind, die vermitteln können.

Die Kinder, die zur Hausaufgabenhilfe kommen, sind zum großen Teil türkische Kinder. Das liegt auch daran, dass in diesem Stadtteil sehr viele türkische Familien leben. Die Erwachsenen arbeiten meist in der nahen Fabrik. Zum Teil kommen die Kinder auch, um etwas Abwechslung von ihrem Alltag in ihren Familien zu haben oder um neue Leute kennen zu lernen. Ich denke, dass die Hausaufgabenhilfe eine große Chance für die Kinder ist, sich hier in Deutschland besser einzuleben und sich auch in der Schule etwas zu verbessern. Den Erfolg bekomme ich selbst mit, wenn ich ein Kind eine Zeitlang betreut habe und es dann erzählt, dass die letzte Klassenarbeit ganz gut war.

Ich werde auf jeden Fall weiterhin einmal in der Woche in die Cuno-Rabe-Schule gehen, weil es mir großen Spaß macht. Ich selbst komme in der Schule ganz gut zurecht – da finde ich es schon richtig, wenn auch andere davon profitieren können.«

Erläuterungen und methodische Anregungen

Die erste Begegnung Isabelles auf ihrem Erkundungsweg ist jene mit Herrn Polter. Isabelle beobachtet Veränderungen im familiären Umfeld des älteren Herrn und macht sich ihre Gedanken über den Großvater der Nachbarskinder: Für sie ist er eher ein »Objekt«, das es zu betreuen gilt, als ein eigenständiger und autonomer Mensch, der sein Leben selbst gestaltet. Andererseits erinnert er sie an ihren Urgroßvater, der in einem Altenwohnheim untergebracht ist. Auch ihm gelten ihre Gedanken und Fragen.

Im **Umgang mit alten Menschen** spielen oftmals unreflektierte Voreinstellungen eine Rolle:
Alte Menschen gelten als verschroben, rechthaberisch, starrköpfig, altmodisch, liebenswürdig, einsam, lustig, vergesslich, aktiv, dauernd unterwegs.
Alte Menschen leben zurückgezogen, sparsam, bei ihren Kindern, in Saus und Braus, im Altenheim. Alte Menschen wollen alles besser wissen, alles recht machen, immer dabei sein, überall mitreden, gerne verreisen.
Alte Menschen haben viel Zeit, Langeweile, Humor, Verständnis, Lebenserfahrung, Weisheit. Alte Menschen können helfen, gut zuhören, nichts für sich behalten, nicht allein gelassen werden, Vater und Mutter ersetzen. Solche scheinbar allgemeingültigen Vorurteile finden sich auch bei Kindern und können in der Auseinandersetzung mit dem Abschnitt Denkanstöße sein.

- Isabelle führt ein Gespräch mit Herrn Polter
- Bilder von Lebenssituationen älterer Menschen suchen und besprechen; mit gängigen Aussagen über ältere Menschen vergleichen
- Isabelle schreibt einen Brief an ihren Urgroßvater

Der zweite Abschnitt der Geschichte von Isabelle berührt die Frage nach dem, **was Kinder brauchen**, um glücklich zu sein. Auf den ersten Blick scheint Sabrina alles zu haben, was sich Heranwachsende wünschen. Doch im Tagesrückblick korrigiert Isabelle einen solchen Eindruck. Was macht ein glückliches Zuhause aus? Wenngleich materielle Sicherheit bedeutsam ist, stellen doch Liebe, Geborgenheit, Zuneigung, Freundlichkeit, Verständnis, Wärme, Heimat, Frieden wichtige Werte dar. Die Zeichnung kann anregen, sie mit entsprechenden Situationen, Geschichten oder auch Wünschen und Sehnsüchten zu füllen. Sicher wird es in der Lerngruppe Schülerinnen und Schüler geben, die sich in keinem dieser Aspekte wiederfinden und ihren Alltag gänzlich anders erleben. Andere werden weitere Vorstellungen über das einbringen, was ihrer Meinung nach existentiell bedeutsam ist. Auf diesem Hintergrund kann ein Katalog von Minimalforderungen zur Frage »Was brauchen Kinder zum Leben?« erstellt werden.

- Traumbild malen: »Was Kinder zum Leben brauchen«
- eine (Wand-)Zeitung gestalten: Kinder-Wirklichkeit (Lebensräume von Kindern hier und anderswo)
- ein Musikstück aussuchen und anhören, das »Sich-wohl-Fühlen« zum Ausdruck bringt
- den gefundenen Empfindungen Farben zuordnen und damit ein Bild malen

Die Geschichte von Isabelle führt weiter zur **Begegnung mit behinderten Jugendlichen**, die in einem Heim leben. Alles deutet darauf hin, dass sie es gut haben. Zumindest aus der Entfernung betrachtet geht es ganz munter zu. Die Situation ändert sich jedoch, als es zur direkten und nahen Begegnung mit Michael kommt. Peter, der Zivildienstleistende, kann jedoch vermittelnd eingreifen und auf Isabelles Fragen eingehen.

Kurzinformation: **Körperbehinderung**
Ursachen und Formen:
Kinderlähmung, Querschnittslähmung, cerebrale Bewegungsstörungen (z.B. durch Verletzung des Gehirns bei der Geburt oder durch einen Unfall), Mißbildungen, Amputationen, Muskelschwund usw.
Behandlungsmöglichkeiten:
Durch Operation, frühzeitige Krankengymnastik und gezielte Schulung werden die vorhandenen Kräfte erhalten und die geschwächten Fähigkeiten so gut wie möglich entwickelt und gefördert. Den meisten Bewegungsbehinderten ist viel mehr möglich, als Nicht-Behinderte meinen.

Kurzinformation: **Geistige Behinderung**
Ursachen und Formen:
Bei Menschen mit einer geistigen Behinderung liegt nach den Maßstäben, die wir bei »normalen« Menschen setzen, eine verminderte geistige Leistungsfähigkeit vor: Dafür verantwortlich sind vorgeburtliche Störungen, zuweilen auch bei oder nach der Geburt entstehende Hirnschädigungen, Infektionskrankheiten oder Unfälle.
Behandlungsmöglichkeiten:
Heilbar ist eine geistige Behinderung nicht. Wohl aber ist durch gezielte Förderung der vorhandenen Fähigkeiten oft ein hohes Maß an Selbstständigkeit in zahlreichen Dingen des täglichen Lebens erreichbar.

* Optimal wäre es, eine Begegnung mit jugendlichen Behinderten vor Ort zu ermöglichen. Die dabei gemachten Erfahrungen werden dann im Unterricht thematisiert und dargestellt (Fotos, Berichte, Interviews usw.).
* Wo diese Möglichkeit nicht gegeben ist, kann anhand von entsprechenden Informationen (vgl. Kurzinformationen) ein Zugang zur Thematik versucht werden.
* Die folgenden Anregungen für ein Planspiel können sowohl fiktiv behandelt als auch in der Praxis erprobt werden.

Nun wird der Blick auf die Wohnverhältnisse **ausländischer Familien** in Deutschland gelenkt. Die Geschichte führt prototypisch in die Wohnsituation von nicht-deutschstämmigen Arbeiterinnen und Arbeitern, Aussiedlerinnen und Aussiedlern sowie Asylsuchenden ein. Über die Auseinandersetzung mit dieser Situation hinaus müsste deutlich gemacht werden, dass der enge Familienzusammenhang oft aufgrund der wohnlichen Gegebenheiten besteht, vielfach aber auch Ausdruck des familiären Zusammengehörigkeitsgefühls sein kann.

Der äußerlich unwirtlich erscheinenden Situation wird durch die Schilderung des **türkischen Zuckerfestes** Lebensfreude und Ausgelassenheit gegenübergestellt. Damit erhalten die Heranwachsenden zugleich Informationen über religiöse Bräuche innerhalb des Islam, die zu einem Vergleich mit denen der christlichen Religion anregen.

* Die Frage am Ende der Erzählung vom Zuckerfest: »Es ist ein wirklich schönes Fest, oder?« mit Inhalt füllen. Dabei sollte der Blick für realistische Möglichkeiten gewahrt bleiben. Bestimmte religiöse Feiern bedürfen des Schutzes auch der intimen Gemeinschaft.
* Möglichkeiten des kulturübergreifenden Miteinanders können in Lerngruppen, die multikulturell zusammengesetzt sind oder in der Klasse außerhalb des Religionsunterrichts erprobt werden (Schulfest etc.).

Obdachlose, Penner, Stadtstreicherinnen, Berber – vielfältig sind die Bezeichnungen für Menschen, die keine feste Bleibe und keine Heimat haben. Die Motive für ihre Lebensform sind äußerst unterschiedlich, vielschichtig und oft auch undurchsichtig. Gemeinsam ist allen, dass sie am Rande unserer Gesellschaft angesiedelt sind bzw. werden. Im Alltag wird diesen Menschen entweder gleichgültig oder mit Unverständnis und Vorwürfen begegnet.

Das **Foto des schlafenden Penners** (S. 57) bildet eine Situation ab, wie sie in Großstädten fast überall, oftmals jedoch auch in kleineren Orten alltäglich ist. Die gewählte Perspektive der Darstellung bringt jedoch den Daliegenden ganz nah an die betrachtende Person heran. Es bietet sich keine Möglichkeit, ihm auszuweichen. Von seinem Aussehen her scheint der Mann hilfsbedürftig; andererseits trägt sein Gesicht Züge von Ruhe und Zufriedenheit.

- Informationen bei den Sozialbehörden einholen und eine Info-Wand über das Leben von Wohnsitzlosen in der Umgebung erstellen
- einen Ort aufsuchen, an dem sich Obdachlose aufhalten und die Reaktionen der Vorbeigehenden beobachten
- ein Interview zur Frage »Wozu sind solche Leute auf der Welt?« durchführen
- Assoziationen zum Foto des Penners sammeln: Dieses Bild erinnert mich an ... / Dazu fällt mir eine Geschichte aus der Bibel ein...

Die Begegnung Isabelles mit den Kindern aus der **Pfarrgemeinde** soll den Blick auf die eigentlichen Aufgaben einer christlichen Gemeinde lenken: Eucharistia, Martyria und Diakonia. Um diese umfassend erfüllen zu können, ist es notwendig, den Blick für die Welt, in der wir mit unseren Mitmenschen leben, zu schärfen. Aus ihrer bewussten Wahrnehmung heraus lassen sich Strategien und Erfordernisse des Tuns ableiten. Die Absicht der Kinder, ein Puzzle der Pfarrei zu basteln, erweitert den Blick über die vorher bearbeiteten Erfahrungsfelder hinaus.

Im Lied **»Jesus wohnt in unserer Straße«** werden noch einmal alle im Kapitel angesprochenen Erfahrungsbereiche benannt und zum christlichen Imperativ »Was ihr dem (der) geringsten meiner Brüder (Schwestern) getan habt, das habt ihr mir getan« in Beziehung gesetzt.

Die kurzen **exegetischen Hinweise zu Mt 25,31-46** dienen dazu, den hohen Anspruch christlicher Lebensart zu verdeutlichen: Es geht nicht darum, »die zu lieben, die uns auch lieben« (vgl. Mt 5,46); gerade denen, die in unserer Gesellschaft keine Bedeutung und kein Ansehen haben, soll Liebe geschenkt werden. Dies ist die Forderung des Jesus von Nazareth, der parteilich für Arme und Entrechtete eintritt und sich mit ihnen solidarisiert.

Menschen, die sich – wie Caroline R. – im **sozialen Bereich** engagieren, tun dies vielfach im Geist Jesu von Nazareth und versuchen auf diese Weise, ihr Christin- und Christsein zu leben. Aber auch die Frauen und Männer, die sich selbst nicht als religiöse Menschen verstehen, tragen – nach christlicher Überzeugung – durch ihr soziales Handeln dazu bei, dass das Reich Gottes immer deutlicher Gestalt annimmt.

- ein Puzzle von der eigenen Pfarrgemeinde basteln
- überprüfen, ob auch wirklich alle Gruppen der Gemeinde berücksichtigt wurden
- anhand der bearbeiteten Erfahrungsfelder abwägen, welche Personen(gruppen) noch zur Gemeinde gehören müssten
- Gründe benennen, die davon abhalten, diese Menschen als zur Gemeinde zugehörig zu betrachten
- eine Person einladen, die sich im sozialen Bereich engagiert und sie nach den Beweggründen ihres Handelns befragen

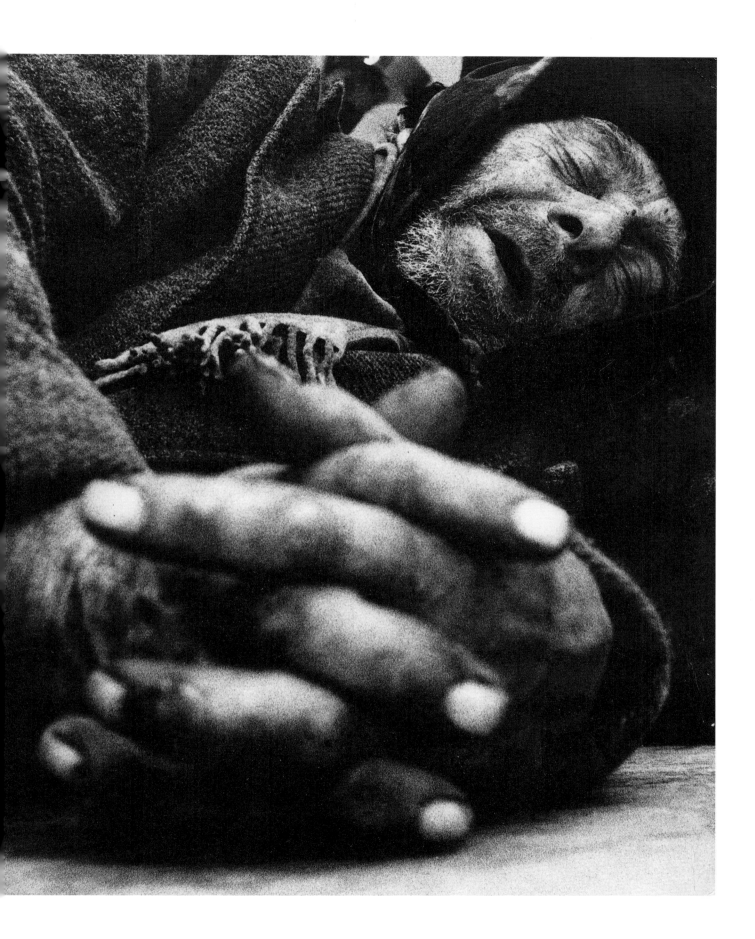

In den Staub getreten

*mächtig sein –
ohnmächtig sein*

Leitmotiv

AUSHALTEN		
Durchsetzungsvermögen	Widerstandsfähigkeit	Hoffnung

Intentionen

– dunkle Zeiten im eigenen Leben und im Leben anderer benennen können und Klage zulassen
– unmenschliches Verhalten erkennen und zur Sprache bringen
– in der Hoffnung auf Änderung Widerstand leisten und neue Perspektiven entdecken und ergreifen

Worum es geht

Die Überschrift dieses Kapitels »In den Staub getreten« verweist auf Erfahrungen von Brutalität und Gewalt, wie sie auch junge Menschen in vielen Lebensbereichen kennenlernen. Solche Erfahrungen bündeln sich ebenfalls in der Redewendung »aufs Kreuz gelegt«. Er findet sich in der Umgangssprache und bezeichnet eine Verhaltensweise, die den eigenen Vorteil sucht und in der Wahl der Mittel nicht zimperlich ist. Die Erfahrung, »aufs Kreuz gelegt« zu werden, offenbart dem betroffenen Menschen seine ganze Ohnmacht und seine Hilflosigkeit. In christlich-religiöser Sicht wird »aufs Kreuz gelegt« mit dem Tod Jesu in Verbindung gebracht. Die Kreuzigung Jesu stellt – historisch betrachtet – zwar einen Akt von äußerster Grausamkeit, jedoch kein einmaliges Ereignis dar. Das Schicksal, »aufs Kreuz gelegt« zu werden, widerfuhr unter römischer Herrschaft Hunderten von Menschen.
Erst aufgrund der Erfahrung der Auferstehung gelangen die Jüngerinnen und Jünger zur Überzeugung, dass Jesu Kreuzestod nicht das endgültige Scheitern seines Lebens und Wirkens bedeutet. So wird sein Tod zum Zeichen dafür, dass Gott uns Menschen gerade im tiefsten Dunkel nahe ist. Seither schöpfen Christinnen und Christen aus der Tatsache, dass auch Jesus »aufs Kreuz gelegt« wurde, selbst im äußersten Leid Trost und Zuversicht. Diese Hoffnung richtet sie auf und motiviert gleichzeitig zu einem Handeln, das die Wirklichkeit verändert. Ferner kann aus ihr Vertrauen in eine Zukunft erwachsen, in der Gewalt und Tod nicht das letzte Wort behalten. Der Aufbau des Themas orientiert sich an ausgewählten Stationen des Kreuzweges. In der Deutung der einzelnen Stationen wird stets versucht, heutige analoge Situationen der Leid- und Ohnmachtserfahrung mit einzubeziehen. Auch in ihnen kann die radikale Identifikation Gottes mit uns spürbar werden.
Im methodischen Weg erhält das Einfühlen und das Sich-Einlassen in, sowie das Nachgestalten von Kreuz-Situationen Vorrang vor einer kognitiven Bearbeitung des Phänomens.

Gefesselt

Der Verräter hatte mit ihnen ein Zeichen vereinbart und gesagt: Der, den ich küssen werde, der ist es. Nehmt ihn fest, führt ihn ab, und lasst ihn nicht entkommen. Und als er kam, ging er sogleich auf Jesus zu und sagte: Rabbi! Und er küsste ihn. Da ergriffen sie ihn und nahmen ihn fest.
(Mk 14,44-46)

Seine Hände

berühren zärtlich die gekrümmte Frau
teilen das Brot
haben keine Scheu, Aussätzige anzufassen
segnen die Kinder
öffnen Ohren und Augen
befreien Menschen aus ihrer Angst

sind gefesselt

und sie kamen

ohne nachzudenken
ohne zu fragen
ohne zu zweifeln

weil man es ihnen befohlen hatte

und sie ergriffen ihn

ohne ihn genauer anzusehen
ohne ihn zu befragen
ohne ihn anzuhören

weil man es ihnen aufgetragen hatte

und sie fesselten ihn

ohne Rücksicht auf Schmerz
ohne auf Angehörige zu achten
ohne Skrupel
weil man ihn für schuldig erklärt hatte

Verspottet

Die Soldaten legten ihm einen Purpurmantel um und flochten einen Dornenkranz; den setzten sie ihm auf und grüßten ihn: Heil dir, König der Juden!
Sie schlugen ihm mit einem Stock auf den Kopf und spuckten ihn an, knieten vor ihm nieder und huldigten ihm.

(Mk 15,17-19)

EIN SPOTT-KÖNIG

trägt einen Mantel aus Purpur
es ist ein alter Soldatenmantel
seine Krone glänzt wie Purpur
die Dornen hinterlassen blutige Spuren
die Diener grüßen ihn
mit Schlägen auf den Kopf
sie knien vor ihm nieder, huldigen ihm
mit Spucke

Verurteilt

Da schrien sie:
Kreuzige ihn!
Pilatus entgegnete:
Was hat er denn
für ein Verbrechen
begangen?
Sie schrien
noch lauter:
Kreuzige ihn!
Darauf ließ Pilatus,
um die Menge
zufriedenzustellen,
Barabbas frei
und gab den Befehl,
Jesus
zu
kreuzigen.

(Mk 15,13-15)

    V
      Er lästert Gott!
        ER hetzt das Volk auf!
  Er beha**U**ptet, er sei ein König!
          ER hat die Gebote Gottes übertreten!
        T
          Er ist des Todes schuldig!
        Er w**ll** den Tempel niederreißen!
ABGESTEMPELT

Aufs Kreuz gelegt

Walter Habdank: Angenagelt ans Kreuz (1980)

Und sie brachten
Jesus
an einen Ort
namens Golgota,
das heißt übersetzt:
Schädelhöhle.
Dann kreuzigten
sie ihn.
Zusammen mit ihm
kreuzigten sie
zwei Verbrecher,
den einen rechts,
den anderen links.

(Mk 15,22.24.27)

Da wurde
einer
aufs kreuz
gelegt
weil er etwas
zu sagen hatte
das denen
nicht passte
die damals
etwas zu
sagen hatten

da werden
menschen
aufs kreuz
gelegt
weil sie
denen nicht
passen
die heute
etwas
zu sagen
haben

Wir sind noch
nicht weit
gekommen
von damals
bis heute
immer noch
werden
menschen
aufs kreuz
gelegt
weil ...

Aus Fesseln gelöst

ABER
der damals aufs kreuz gelegt
verurteilt
verspottet
gefesselt
wurde
blieb nicht
hängen
am kreuz

DER TOD
konnte ihm nichts
anhaben
konnte ihn nicht fesseln
als die frauen sein grab besuchen wollten, fanden sie es leer
ein bote gottes sagte zu ihnen: ihr sucht jesus von nazareth,
den gekreuzigten
er ist nicht hier

IST NICHT
im grab
gott
hat ihn
auferweckt
hat die
fesseln
des todes
gelöst
der tod
ist nicht

DAS ENDE

Zu singen in der Osternacht:

Dies ist die selige Nacht, in der Christus die Ketten des Todes zerbrach
und aus der Tiefe als Sieger emporstieg
Dies ist die selige Nacht, in der Christus erstand von den Toten.
Dies ist die Nacht, von der geschrieben steht:
Die Nacht wird hell wie der Tag.
Der Glanz dieser heiligen Nacht gibt den Trauernden Freude.
Weit vertreibt sie den Hass, sie einigt die Herzen und beugt die Gewalten.
Dies ist die selige Nacht,
die Himmel und Erde versöhnt, die Gott und Menschen verbindet!

Erläuterungen und methodische Anregungen

Der Einstieg in die Thematik »In den Staub getreten« kann mit Hilfe des (leicht veränderten) **Holzschnitts** von Paul Reding erfolgen. Er zeigt eine Taube unter einem schweren Stiefel. Die Taube, die bittend oder gar verzweifelt nach oben schaut, hat gegen die Gewalt des Stiefels jedoch keine Chance – sie muss mit ihrem Leben bezahlen.
Die Verheißung einer friedvollen und strahlenden Zukunft, wie sie etwa Jes 9,4 verkündet wird – »Jeder Stiefel, der daher stampft, jeder Mantel, der mit Blut befleckt ist, wird verbrannt und ein Fraß des Feuers werden.« – hört sich angesichts dieser brutalen Wirklichkeit wie Hohn an.

* eine Assoziationskette erstellen: »Gewalt ist wie... – »Gewalt macht...«
* »In den Staub getreten« heißt...
* die gefundenen Begriffe dem Stiefel bzw. der Taube zuordnen

Gefesselt: Bild und Texte verweisen deutlich auf die Spannung zwischen dem, was sein könnte und dem, was durch die Fesselung verhindert wird. Die Perikopen, auf die hier verwiesen wird (Heilung der gekrümmten Frau, Lk 13,10-17; Brotvermehrung Mk 6,35-44; Heilung eines Aussätzigen, Mk 1,40-45; Segnung der Kinder, Mk 10,13-16; Heilung eines Taubstummen, Mk 7,31-37), erzählen von der heilenden Kraft der Hände Jesu. Jesus berührt einen Aussätzigen und befreit ihn dadurch sowohl von seinem Leiden als auch aus seiner Isolation. Seine Hände segnen die Kinder, ziehen sie an sich und schenken damit nicht nur Geborgenheit; sie erweisen denen Achtung und Respekt, die von der Gesellschaft als Rechtlose an den Rand gedrängt wurden (und oftmals immer noch werden). Gefesselt sind diese Hände zur Wirkungslosigkeit verurteilt.
Die Festnahme Jesu erfolgt – so berichten es die Evangelien – aufgrund von Verrat. Kinder dieser Altersstufe werden bei der Übertragung ins Heute wohl nicht an jene Denunziationen denken, die z.B. in den lateinamerikanischen Ländern die Verhaftungsmaschinerie in Gang setzen. Aber sie werden aus ihrem Alltag ausreichend Beispiele dafür finden, dass und auf welche Weise Menschen die »Hände gebunden« sind oder werden. Zu bedenken ist auch, dass jene, die die Fesselung ausführen, zumeist auf der Seite des Rechts (zu) stehen (scheinen). Oftmals handelt es sich auch um solche, die ihr »Geschäft« oder ihre »Pflicht« tun, weil andere es ihnen aufgetragen haben.

* Beispiele in Form von Geschichten oder Bildern für Situationen finden, in denen sich Menschen (wie) gefesselt erfahren

»Heil dir, König der Juden!« Die Gestalt in der Mitte des Kreuzwegbildes **»Verspottet«** wird auf diese Weise angeredet. Unschwer ist der gefesselte und gedemütigte Jesus inmitten einer Menschenschar zu erkennen, die ihn bloßstellt, verhöhnt und dem Spott preisgibt. Zeichen der Königswürde, Mantel und Krone, sowie das Zeichen der Verehrung, der Kniefall, werden ins Gegenteil verkehrt.

* sich in die einzelnen Personen auf dem Bild hineinversetzen und ihre Gedanken formulieren
* einen Kranz aus Dornen winden und damit auf die Verletzungsmöglichkeiten durch Dornen aufmerksam werden
* Zeichen und Situationen des Spottes an die Dornen des Kranzes heften

»Der war es!« scheinen die spitzen Finger des Kreuzwegbildes **»Verurteilt«** zu schreien. Schülerinnen und Schülern ist diese Redewendung bekannt. Sie wissen, dass die beschuldigte Person oftmals bereits mit dieser Feststellung abgestempelt und verurteilt ist. Und wer (was) abgestempelt ist, ist wertlos gemacht. Die Gründe für die Verurteilung Jesu werden von seiten der Priester und Schriftgelehrten angeführt. Die vorgetragenen Anklagepunkte werden nicht ausreichend begründet. Dies ist auch nicht erforderlich – befinden sich die Ankläger doch (so hat es jedenfalls den Anschein) auf der Seite der Macht und des Rechts.

* aus einer Kopie des Bildes die Figur Jesu ausschneiden; in die Finger sowie in die leere Mitte des Bildes schreiben, was Anklagende und Angeklagte/r sagen könnten
* Anklagen und Beschuldigungen, die im Schulalltag vorkommen, zusammenstellen und auf ihre Stichhaltigkeit prüfen

Die knappe, fast sachlich gehaltene Überlieferung der Kreuzigung Jesu nach Markus bringt die Dramatik des Geschehens kaum zum Ausdruck. Der Hinweis, dass gemeinsam mit ihm zwei Verbrecher gekreuzigt wurden, macht deutlich, in welchem Kontext der Tod des »Sohnes Gottes« zu sehen ist. Der Holzschnitt von Walter Habdank »**Aufs Kreuz gelegt**« bringt dagegen ganz andere, vor allem emotionale Aspekte ein. Die grobschlächtigen Henkersknechte drücken den Wehrlosen nieder und nageln ihn mit brutalen Hammerschlägen an den Kreuzbalken. Das Bild löst die Assoziation aus, die durch Jesus eröffnete Wirklichkeit sei auf den Kopf gestellt: Das Böse gewinnt Übermacht über den Guten, Gewalt siegt über Gewaltlosigkeit.
Der in das Kreuz darunter geschriebene Text setzt die Kreuzigung Jesu mit »Kreuzigungen« in unserer Zeit in Beziehung: »Wir sind noch nicht weit gekommen von damals bis heute. Immer noch werden Menschen aufs Kreuz gelegt, weil...« Dieser Satz beinhaltet die Aufforderung, über die Kreuzesschicksale zu allen Zeiten nachzudenken. Gleichzeitig geht es darum, Motive zu bedenken, die Menschen ans Kreuz bringen.

* Assoziationen zum Wort »Kreuz« aufschreiben
* auf einem großen Stück Holz die Hammerschläge simulieren und dabei auf die Empfindungen achten
* Bilder, in denen »Kreuzesleid« sichtbar wird, zu einem Kreuz zusammenstellen
* in einem Text die eigene Betroffenheit über den Holzschnitt von Habdank formulieren
* erkunden, warum in manchen Wohnungen ein Kreuz an der Wand hängt oder Menschen ein Kreuz als Schmuckstück tragen
* unterschiedliche Kreuzesdarstellungen sammeln und vergleichen
* Informationen über die Kreuzigung als Todesstrafe im römischen Reich einholen (vgl. S. 66)

In den Texten »**Aus Fesseln gelöst**« und »**Auferstanden**« geht es nicht darum, katechismusartig das zu formulieren, was »Auferstehung« bedeutet. Es wird vielmehr das Angebot gemacht, aus elementarsten Lebensvollzügen zu erahnen und zu erspüren, was Auswirkung der Auferstehungshoffnung sein kann. Bedeutsam in der Nacherzählung der Emmausperikope Lk 24,13-35 ist der Moment des Brotbrechens. Das Erkennen des Auferstandenen beim Brotbrechen ist eine Erfahrungsmöglichkeit, die heute bei der Feier der Eucharistie gegeben ist.
Die Jünger im Evangelium können ihre Erfahrung nicht bei sich behalten. Es drängt sie zur Rückkehr, um im Kreis Gleichgesinnter davon zu berichten und Zeugnis für den Auferstandenen abzulegen.

* die zentralen Aussagen der Emmaus-Perikope als Standbilder darstellen
* die Verwandlung im Jüngerverhalten in treffenden Farben ausdrücken
* passende Bilder zur Aussage »Aber der Tod ist nicht das Ende« suchen und zu einer Collage zusammenfügen

Die in »**Wissenswertes**« enthaltenen Aspekte dienen der zusätzlichen Information zum Thema Kreuz, Kreuzestod, Kreuzweg und Karwoche. Sie wollen zudem die Verortung des Themas im liturgischen Leben der Kirche aufzeigen und verdeutlichen. Psalm 22 drückt in verdichteter Form noch einmal die individuelle Leiderfahrung eines Menschen aus, der selbst noch im Angesicht des Scheiterns die Nähe Gottes bezeugt und sich geborgen weiß. Es bietet sich an, den Psalm im Kontext der Bilder des Kapitels zu bedenken.
Die Konzeption des Kapitels kann zudem dazu anregen, mit der Lerngruppe einen eigenen Kreuzweg zu gestalten und dabei die Leiderfahrungen der Schülerinnen und Schüler bzw. ihrer sozialen Umwelt mit einzubeziehen.

Wissenswertes Wissenswertes Wissenswertes

Die Strafe der Kreuzigung
stammt aus dem Orient und gilt als die grausamste Todesstrafe. Zur Zeit Jesu ist die Kreuzigung eine römische Hinrichtungsart, die als Strafe für Schwerverbrechen (Mord, Tempelraub, Aufruhr und Hochverrat) verhängt wird. Den Querbalken des in T- oder in Y-Form zusammengesetzten Kreuzes trugen die Verurteilten selbst zur Hinrichtungsstätte. Dort wurden sie mit ausgestreckten Armen an das Querholz gebunden oder genagelt. Dieses wurde dann am in den Boden gerammten Längsholz hochgezogen und daran befestigt. Eine am Längsholz angebrachte Sitzstütze gab den Verurteilten einen gewissen Halt. Der Todeskampf dauerte meist viele Stunden, oft sogar mehrere Tage. Der Tod trat schneller ein, wenn den Gekreuzigten die Beinknochen zerschlagen wurden. Dann konnten sie sich nicht mehr hochstemmen und das ganze Körpergewicht hing an den Armen. Diese Belastung führte zum Tod durch Kreislaufversagen. Der Leichnam blieb in der Regel am Kreuz hängen, bis er verwest oder zur Beute von Raubvögeln und -tieren geworden war. Es bestand aber auch die Möglichkeit der Freigabe des Leichnams durch die zuständige Behörde. Dann konnten die Angehörigen die Leiche bestatten.

Kreuzweg
Im 13. Jhdt. gestalteten franziskanische Mönche in Jerusalem den Weg, auf dem Jesus nach alter Tradition seinen Kreuzesbalken nach Golgota getragen haben soll. Auf dem winkeligen Treppenweg, der heute den Namen »Via Dolorosa« (d.h. Schmerzensweg) trägt, errichteten die Mönche vierzehn Stationen. Allerdings waren zu dieser Zeit die Gassen, durch die Jesus den Kreuzbalken getragen hat, längst verschwunden. Jerusalem war seit der Zeit Jesu vielfach umgestaltet worden, und das Straßennetz hatte sich verändert. Dennoch folgen auch heute noch viele fromme Menschen dem »Kreuzweg« in Jerusalem und denken an Jesu Leiden und Sterben. Seit dem Mittelalter werden in allen Kirchen Kreuzwege errichtet, die dem Gedenken an den Leidensweg Jesu gelten. In der österlichen Fastenzeit finden Feiern statt, in denen die Teilnehmenden den Kreuzweg Jesu in Gedanken nachgehen.

Die Karwoche
ist die letzte Woche der vierzigtägigen Fastenzeit. Ihre Bezeichnung stammt aus dem Althochdeutschen: »Kara« bedeutet Klage. In dieser »Klage-Woche« denken Christinnen und Christen an das Leiden, Sterben und Auferstehen Jesu. Die Karwoche, auch »Heilige Woche« genannt, beginnt mit dem Palmsonntag. Er hat seinen Namen von den Palmzweigen, mit denen Jesus bei seinem Einzug in Jerusalem begrüßt wurde. An diesem Tag findet eine feierliche Prozession statt, bei der alle gesegnete Zweige (Palmkätzchen oder Buchsbaum) tragen. Diese werden nach dem Gottesdienst mit nach Hause genommen. Sie sollen an das neue Leben erinnern, das Gott uns schenkt. Am Abend des Gründonnerstag versammelt sich die Gemeinde zu einer festlichen Eucharistiefeier. Sie denkt dabei an das Letzte Abendmahl Jesu mit seinen Jüngerinnen und Jüngern. Die Fußwaschung ist die Erinnerung daran, dass Jesus sich allen Menschen voller Liebe zugewandt hat. Am Karfreitag kommen die Gläubigen um 15.00 Uhr - der Todesstunde Jesu - zum Gottesdienst zusammen. Bei der feierlichen Kreuzverehrung wird aber auch daran gedacht, dass der Tod der Weg zu einem neuen Leben für alle ist. Der Karsamstag soll ein Tag der Stille und Besinnung sein. Er ist dem Gestorbensein gewidmet. Der Ostersonntag beginnt mit der Feier der Osternacht. Diese Feier wird mit dem Anzünden des Osterfeuers eröffnet, von dem aus das Osterlicht zu den Feiernden getragen wird. Im Lobgesang der Osternacht wird der Auferstehung Jesu gedacht. Mit diesem Lied beginnt die Feier der Freude, weil mit der Auferstehung Jesu das Versprechen gegeben ist, dass alle Menschen vom Tod auferstehen werden.

Aus Psalm 22
Jesus hat am Kreuz Worte aus diesem Klagelied gebetet: »Mein Gott, mein Gott, warum hast du mich verlassen, bist fern meinem Schreien? Ich aber bin ein Wurm und kein Mensch, der Leute Spott, vom Volk verachtet. Alle, die mich sehen, verlachen mich. Hingeschüttet bin ich wie Wasser. Mein Herz ist wie Wachs in meinem Leib zerflossen. Du meine Stärke, eile mir zu Hilfe!«

Auferstanden

Bedrückt schleichen sie ihren Weg, die beiden Männer.
Lassen den Kopf hängen, voller Trübsinn.
Immer wieder steigt Kummer auf, kommen die Tränen.

Die Fragen drücken sie fast zu Boden:
Warum musste dies alles geschehen?
Am liebsten möchten sie selbst nicht mehr leben.

Alles ist aus, so denken die beiden Männer.
Schwer lastet auf ihnen der Tod.
Der Tod ihres besten Freundes.

Da kommt einer daher, leichten Fußes.
Fragt die beiden Männer: Was kriecht ihr so traurig dahin?
Warum geht ihr nicht aufrecht, wie andere Menschen?

Sie seufzen tief, die beiden Männer.
Ja, weißt du denn nicht, was geschehen?
Es ist so schrecklich, wir können‹s kaum sagen.

Da sagt der andere: Versucht es!
Dann wird es euch leichter werden.
Redet es euch von der Seele.

Und Wort für Wort und Schritt für Schritt,
da fällt eine Last nach der andern.
Die Trauer weicht von den beiden Männern.

Sie richten sich auf und schauen ihn an,
den, dem sie ihr Herz geöffnet haben.
Da steht er vor ihnen, der Auferstandene.

Sie spüren nicht mehr den Weg an den Füßen.
Sie laufen und springen und rufen, die beiden Männer:
ER lebt, er ist von den Toten erstanden!

(nach Lk 24,13-35)

Warum müssen Menschen sterben?

geboren werden – sterben

Leitmotiv

HOFFEN		
Grenzerfahrung	Endlichkeitsbewusstsein	Nähe Gottes

Intentionen

- Sterben und Tod als zum Leben gehörend erkennen und den Umgang damit reflektieren können
- sich die individuellen und sozialen Auswirkungen von Sterben und Tod bewusst machen
- Hilfen zum Umgang mit der Trauer kennenlernen
- sich mit Deutungen des Todes auseinandersetzen

Worum es geht

Sterben und Tod werden in unserer Gesellschaft weitgehend verdrängt und ausgegrenzt. Dennoch werden Kinder persönlich oder über die Medien mit dem Tod konfrontiert. Deshalb ist es notwendig, mit ihnen über Sterben und Tod und die damit verbundenen Erfahrungen zu sprechen. Daher wird im Folgenden versucht, auf kindgemäße Weise die mit dem Phänomen des Todes einhergehenden Erscheinungen und Auswirkungen (Sich-Trennen-müssen; Verlust; Ängste; Trauer etc.) zur Sprache zu bringen. In diesem Zusammenhang wird auch die Frage nach dem Weiterleben gestellt.
Der zentrale Aspekt dieses Kapitels findet sich im Aspekt »Ruhet im Frieden seiner Hände«; hier kommen die im Leitmotiv angesprochenen Erfahrungen in verdichteter Form zum Ausdruck. Die übrigen angesprochenen Aspekte versuchen im Sinne des Leitmotivs auf je eigene Art und Weise das Phänomen des Todes zu erhellen und dabei Antworten aus christlicher Sicht zu geben.

Irgendwie lebt Oma weiter

Jens erzählt:
Zweimal in der Woche besuche ich das Grab meiner Oma. Oft gehen auch meine Schwester Anke und mein Cousin Christian mit. Der Friedhof liegt ganz in der Nähe unseres Hauses. Oben, im zweiten Stock, hat Oma gewohnt, zusammen mit Opa. Ich glaube, Oma lebt irgendwie noch weiter.
Wenn ich am Grab stehe, rede ich leise mit ihr. Als sie noch lebte, konnte ich mit ihr über alles reden. Meine Oma kannte sich in vielen Dingen aus. Sie half mir bei den Hausaufgaben. Und sie versorgte den ganzen Haushalt, weil meine Mutter berufstätig ist.
Eigentlich war Oma immer gesund. Ich war überzeugt: ›Sie wird nicht sterben – jedenfalls noch lange, lange nicht!‹ Doch – eines Tages kam ich mittags aus der Schule und meine Mutter war zu Hause. Oma war weg!
»Ich bin von der Arbeit gerufen worden«, sagte meine Mutter. »Frau Käfer, unsere Nachbarin, hat Oma im Garten gefunden, bewusstlos. Oma wollte gerade Wäsche aufhängen. Dabei ist sie zusammengebrochen.«

Muss Oma jetzt sterben?
Meine Mutter tröstete mich und meinte: «Sie wird bald wieder bei uns sein.«
Jeden Tag besuchte meine Mutter die Oma im Krankenhaus. Ich durfte nicht mit. Oma lag nämlich auf der Intensivstation. So malte ich Bilder und schrieb Karten, die meine Mutter mitnahm.

Oma durfte nicht sterben!
Eines Tages hielt der Krankenwagen vor dem Haus. Sie brachten Oma zurück. Ich freute mich riesig – Oma war wieder gesund! Aber: Sie war nicht gesund! Sie konnte nicht mehr sprechen. Und sie konnte auch nicht mehr aufstehen. Mama erklärte es mir: »Oma hatte einen Schlaganfall und ist nun teilweise gelähmt.« Jeden Tag, sofort nach der Schule, setzte ich mich zu Oma ans Bett. Ich erzählte ihr, was ich gesehen und erlebt hatte. Dann weinte sie oft. Und sie hielt meine Hand, ganz fest.

Oma starb.
Sie fehlt uns überall.

Tot – was heisst das?

Anke erzählt:

Die Beerdigung der Oma ist vorbei.
Gottseidank! Es war schrecklich. Alle haben sie geheult. Nur ich konnte nicht weinen.

Nun stehe ich hier in der Küche, mitten unter den vielen Leuten, die gekommen sind. Alle reden sie durcheinander.

»Sie hat lange genug leiden müssen.« – »Ja, und nun ist sie erlöst.« – »War ja auch eine Last für Sabine. Die hat zuletzt alles für sie machen müssen.« – »Aber ein schönes Alter hat sie erreicht.« – »Nun hat sie uns verlassen – für immer!« – »Der arme Friedrich, jetzt so allein!« – »Und Weihnachten hätten sie goldene Hochzeit feiern können!«

Oma ist tot. Oma ist nicht mehr da. Tot – was bedeutet das? Heißt das, allein zu sein? Ich fühl‹ mich schrecklich allein. Jetzt kann ich die Oma nicht mehr fragen, ob sie mir die Vokabeln abhört. Ich kann ihr nicht mehr erzählen, was in der Schule los war, nicht mehr...

»Komm, Anke, bring mal den Kaffee ins Wohnzimmer.« Jemand schubst mich vorwärts. Ich nehme die Kanne und geh hinüber. Auch das Wohnzimmer ist voller Leute. Die Tanten und die Onkel, die Schwester von der Oma – alle sind sie schwarz gekleidet. Auch hier reden sie durcheinander.

»Eine schöne Beerdigung war‹s!« – »Und so viele Leute haben von ihr Abschied genommen.« – »Sie lag so friedlich in ihrem Sarg.« – »Der Pfarrer hat so gute Worte gefunden.«

Ich muss den Kopf schütteln. Eine schöne Beerdigung? Was soll daran schön gewesen sein? So mitten zwischen den vielen Erwachsenen. Auch mit Jens konnte ich nicht reden. Der hat nur vor sich hingestarrt.

Ich musste immer an die Oma denken, die da im Sarg lag und so anders aussah. So still. Dabei hat die Oma immer so viel erzählt und gelacht – bevor sie gelähmt war. Irgendwas steckte mir im Hals fest. Ich wollte weinen, aber es ging einfach nicht.

So viele Leute, die heute an die Oma denken! Ob die Oma das mitbekommt, ob sie sich darüber freut? Da, wo sie jetzt ist? Wo mag sie wohl sein?

Plötzlich erschrecke ich. Onkel Paul, der Bruder meines Vaters, nimmt mich in den Arm. »Tüchtig bist du, Anke, schon eine richtige kleine Hausfrau.« – »Ja, das stimmt«, sagt Tante Lisa. »Nicht wahr, Anke, du kümmerst dich jetzt immer um den Opa, der ist doch nun ganz allein.«
Ich schaue die beiden nur fragend an...

Der Herr hat gegeben, der Herr hat genommen; der Name des Herrn sei gepriesen.
(Ijob 1,21)

Max, mein Bruder

Ich hatte Herzklopfen. Papa, Mama und Dr. Menze kamen die Treppe herunter. Ich stand auf und sah sie fragend an. Sie sahen sehr ernst aus. Mama nahm mich in den Arm. »Jo!« Sie strich mir übers Haar. »Max hat eine Bettlungenentzündung. Er wird diese Nacht vielleicht nicht überleben.« Max! Mama hielt mich immer noch im Arm. »Möchtest du zu ihm gehen?« Ich nickte ... Ich hatte weiche Knie, als ich vor Max' Tür stand. Leise ging ich hinein. Und als ich Max sah, wurde ich wieder ruhig. Ich setzte mich zu ihm und sah ihn an. Seine Augen hatte er geschlossen. Er war etwas käsig im Gesicht. Und die Sommersprossen auf seiner Nase waren fast verschwunden. Max atmete etwas schwerer. Aber trotzdem irgendwie gleichmäßig. Max. Ich nahm seine Hand und hielt sie fest. Ich hab' dich lieb, Max, dachte ich. Ich hab' dich lieb! Und ich habe keine Angst davor, dass du stirbst. Ich hielt seine Hand und sagte kein Wort. Es war still. Wir waren zusammen. Max war sehr schwach. Er öffnete seine Augen nicht. Ganz leicht, ich fühlte es genau, drückte er meine Hand. Max! Wir sagten kein Wort. Papa und Mama kamen ins Zimmer. Dr. Menze war gegangen. Mama sah mich an, und wir wussten alle, Max würde sterben. Mama nahm seine Hand und sprach mit ihm. Ganz ruhig. Max öffnete seine Augen. Er sah uns an und weinte, ganz kurz nur. Sein Abschied. Papa stand neben mir, und ich glaube, er weinte auch. Mir war, als würden wir größer werden. Max, Mama, Papa und ich ... Mama fühlte Max' Puls. Sie sah, dass seine Fingerkuppen blau wurden. »Du wirst schön und lange schlafen«, und streichelte sein Gesicht. »Du wirst es wunderbar haben.« Tränen liefen über ihre Wangen. Sie gab Max ein Küsschen. Es war von uns allen. Das Zimmer war blau wie das Meer, das Meer, in das wir eintauchten. Nichts konnte uns passieren. Max nahm uns mit. Ein kleines Stückchen. Das Meer, tief und blau, wir waren zusammen. Max atmete nicht mehr, so als hätte er es vergessen. Dann atmete er wieder. Dann noch einmal. Und dann war es still. Ganz still. ...

Wir standen noch eine Weile vor der Kirche, bevor wir zur Beerdigung fuhren. Mama und Papa sprachen mit Tante Jule und Onkel Rolf. »Tag!« hörte ich eine vorsichtige Stimme hinter mir sagen. Ich drehte mich um. Alex! Auch Winne kam. Wir standen voreinander und wussten nicht recht, was wir sagen sollten. »Wie geht's?« Alex sah mich unsicher an. Mir schossen wieder Tränen in die Augen. »Nein, ich mein'...« Alex biss sich auf die Lippe. »Ist schon gut.« Ich versuchte zu lachen. »Ich kann's irgendwie nicht glauben.« Winne sah blass aus. »Aber Max tut ja jetzt nichts mehr weh.« Veronika hielt meine Hand fest. »Und...« Winne stockte. »War es schlimm, als er gestorben ist?« Ich musste wieder schwer schlucken. Veronika hielt immer noch meine Hand fest. »Ich weiß nicht.« Ich zögerte. »Irgendwie war es sogar schön.« Alex sah mich erschrocken an. »Wir waren bei ihm«, sagte ich. »Er war nicht allein. Und ... und wir waren es auch nicht.« Alex schwieg. »Hast du denn keine Angst gehabt?« fragte sie schließlich ...

Lesehinweis: Der Text ist aus dem gleichnamigen Buch »Max mein Bruder« entnommen. Wenn du neugierig geworden bist und das ganze Buch lesen möchtest: Es wurde von Sigrid Zeevaert geschrieben und ist 1986 im Arena-Verlag Würzburg erschienen.

Warum nur?

Iris:
»Warum ist mein Opa im Krieg gestorben? Das hat doch überhaupt keinen Sinn! Ich verstehe das einfach nicht...«

Gabi:
»Meine Mama ist bei meiner Geburt gestorben. Ich habe sie nie gesehen. Auch der Papa vermisst sie sehr. Das ist doch ungerecht!«

Jürgen:
»Unsere ganze Welt ist voll von Leid und Ungerechtigkeit, Not und Tod. Muss das denn wirklich so sein?«

Babsi:
»Tagtäglich sterben auf der Welt viele Frauen, Männer und Kinder an Hunger. Warum?«

Werner:
»Meine kleine Schwester ist an Leukämie gestorben. Sie hatte doch ihr ganzes Leben noch vor sich! Da kann ich das ganze Gerede von ›Gott ist die Liebe‹ nicht mehr hören!«

Katharina:
»Gegen den Tod ist eben kein Kraut gewachsen!«

Erläuterungen und methodische Hinweise

Vielen Heranwachsenden ist der Friedhof durchaus als Grabstätte Verstorbener bekannt. Sie erleben, dass Menschen regelmäßig »ihr« Grab besuchen, es sorgfältig pflegen und dort in Stille verharren. Manche Kinder begleiten Erwachsene zum Friedhof.

Die Erzählung **»Irgendwie lebt Oma weiter«** verdeutlicht die Erfahrungen nicht weniger Kinder beim Verlust eines lieben Menschen. Jens erzählt von Sterben und Tod seiner Oma, zu der er eine enge Beziehung hat. Angesprochen werden die Erfahrung einer schmerzlichen Trennung, das plötzliche Fehlen der liebevollen Beziehung, die Gewissheit über die Endlichkeit des Lebens und die Frage nach dem Weiterleben.

Im schulischen Alltag sind von einem solchen Todesfall betroffene Kinder oft von einem auf den anderen Tag sehr schweigsam, unkonzentriert und ziehen sich aus Freundschaften und Klassengemeinschaft zurück. Nicht selten fallen sie in ihren schulischen Leistungen ab.

* den Friedhof der eigenen Stadt/Gemeinde aufsuchen und Grabsteine bzw. deren Aufschriften nachzeichnen bzw. abschreiben oder fotografieren
* nach Bildern und Texten von Totenbestattungen und Grabanlagen anderer Völker, Kulturen und Religionen suchen und diese in Form einer Wandzeitung gestalten
* eine Erklärung für die Bezeichnung »Kirchhof« statt »Friedhof« suchen
* Darüber hinaus ist es der Religionslehrerin oder dem Religionslehrer überlassen, selbst zu entscheiden, inwieweit die Schülerinnen und Schüler ihre eigenen Erfahrungen mit Sterben und Tod erzählen oder aufschreiben können.

Ankes Erfahrungen decken sich teilweise mit jenen, die ihr Bruder Jens gemacht hat. Auch sie leidet unter dem jähen Abbruch einer engen Beziehung und dem Alleingelassensein. Sie beschäftigt sich aber stärker mit der Frage, wo ihre Großmutter jetzt wohl sein mag, ob sie ihre eigene Beerdigung und die Anteilnahme der vielen Menschen miterlebt und sich darüber freut:

»Tot – was heißt das?« Ankes Fragen sind nicht die der ebenfalls vom Tod der Großmutter betroffenen Erwachsenen. Diese reden von deren Krankheit und Alter, von der mühseligen Pflege, den »schönen Worten« des Pfarrers und dem »armen Opa«, der jetzt so allein und hilflos ist. Und sie bürden dem Mädchen (!) die Last auf, sich von nun an um den Großvater zu kümmern.

Anke richtet keine ihrer Fragen an die Erwachsenen – vielleicht erwartet sie von ihnen auch gar keine Antwort.

Totenzettel verdeutlichen uns zum einen, wie Menschen über Verstorbene und deren Tod denken; zum anderen vermitteln sie aber auch Deutungsmöglichkeiten des Todes und Antworten auf die Frage nach dem Weiterleben. Auch in unserer postchristlichen Gesellschaft werden Totenzettel (Todesanzeigen) verteilt, die das Kreuzsymbol zeigen oder einen biblischen Text beinhalten; vermehrt finden sich jedoch solche Anzeigen, die christliche Symbolik bewusst nicht verwenden. Totenzettel werden von vielen Menschen über Jahre hin aufbewahrt; sie dienen der bleibenden Erinnerung an vertraute oder bekannte Menschen.

* Antworten auf Ankes Fragen suchen und ihr einen Beileidsbrief schreiben
* Grabsteininschriften, Totenzettel sowie entsprechende Zeichen und Symbole untersuchen

Sterben ist keine Frage des Alters. Tagtäglich berichten Zeitungen über »tragische Unglücksfälle«, die zum Tod von Kindern und Jugendlichen führten.

Herr Maier wacht auf und geht ins Bad.	6.30 Uhr	Die siebenjährige Martina schläft noch.
Herr Maier frühstückt mit seiner Frau.	7.00 Uhr	Frau Weiland weckt ihre Tochter.
Herr Maier verabschiedet sich von seiner Frau.	7.30 Uhr	Martina frühstückt und packt ihre Schulsachen ein.

Herr Maier setzt sich in sein Auto und startet.	7.35 Uhr	Martina geht zur Bushaltestelle in der Kaiserstraße.
Herr Maier geht in Gedanken die Termine des Tages durch.	7.40 Uhr	Martina schaut in das Fenster eines Spielwarengeschäftes.
Herr Maier biegt in die Kaiserstraße ein.	7.42 Uhr	Martina sieht ihre Freundin auf der anderen Straßenseite.

† Die siebenjährige Martina verstarb am Freitagmorgen durch einen tragischen Unglücksfall.

Diese knappe, tabellarische Darstellung des frühmorgentlichen Zeitverlaufs zweier Menschen zeigt auf nüchterne Weise deren alltäglichen Tagesbeginn. Ahnungslos gehen die beiden in den Tag, der für sie zum »Unglückstag« werden wird.

* Zeitleiste des »Unglückstags« weiterschreiben
* Zeitungsberichte von Unglücksfällen sammeln und nach möglichen Ursachen für den Unfall fragen (ohne der Sensationslust zu erliegen!)

In vielen Fällen, in denen Menschen jeder Altersstufe sterben, ist der Tod aufgrund des Krankheitsbildes vorhersehbar. So bleibt Zeit für alle Betroffenen – sowohl für die Sterbende / den Sterbenden als auch für die ihr / ihm nahestehenden Menschen – Zeit, sich bewusst auf den Tod vorzubereiten. Beide Seiten können sich gegenseitig etwas von der Angst und dem Schrecken vor dem Tod nehmen. Allerdings ist diese Form des Umgangs mit Sterbenden und dem Sterben - als optimalste Form der Sterbebegleitung - aus unterschiedlichen Gründen schwer zu realisieren. Oftmals mangelt es bereits an äußeren Gegebenheiten: medizinische Versorgung im Krankenhaus schließt zumeist die Anwesenheit der Familienmitglieder über weite Strecken aus. Berufliche Strukturen verhindern eine umfassende häusliche Pflege durch alle Familienmitglieder bzw. die Wohnverhältnisse schließen sie überhaupt aus. Überdies sind heutige Familien oftmals auch in psychischer Hinsicht überfordert, Sterben und Tod bewusst in das Familienleben zu integrieren. Schließlich führt auch die Tendenz zur Vereinzelung von Menschen dazu, dass Sterben aus dem »normalen« Lebensablauf ausgegrenzt wird.

Der Ausschnitt aus dem Kinderbuch »**Max, mein Bruder**« zeigt einen möglichen Weg der Begleitung von Sterbenden. Das Füreinander-Dasein auch im letzten Lebensabschnitt wird zum »Gewinn«: Die Schrecken des Todes werden durch gegenseitige Zuwendung und Aufmerksamkeit verringert. Schließlich ist es für die Angehörigen leichter möglich, mit dem Verlust zu leben.

* anhand der Erzählung »Max, mein Bruder« herausarbeiten, was echte Sterbegleitung bedeutet (Einstellung, Haltung, Aussagen, Gesten usw.)
* sich in die handelnden Personen in der Erzählung einfühlen
* Jos Gedanken einige Tage nach dem Tod ihres Bruders Max in Form einer Tagebuchnotiz schreiben

Angesichts von Sterben und Tod stellen sich Menschen immer wieder neu die Frage **»Warum nur?«**. Der Tod scheint so unendlich unnötig zu sein und keinerlei Sinn zu haben. Widerspruch und **Protest** sind oftmals der Ausdruck von Hilflosigkeit und Ohnmacht angesichts eines Geschehens, das sich – trotz allem Fortschritt in Forschung und Medizin – ganz und gar menschlicher Machbarkeit entzieht. Andererseits verbirgt sich hinter dem berechtigten Protest auch die Erkenntnis, dass es den wirklich sinnlosen Tod auch gibt: dort, wo Menschen einander gleichgültig und lieblos begegnen, wo sie gedankenlos oder gar aus Berechnung in Kauf nehmen, dass Leben beschädigt oder zerstört wird. Auf diesen Sachverhalt soll hier aufmerksam gemacht werden: nicht immer ist es »Gottes Wille«, dass Menschen sterben. Dennoch bleibt auch auf dem Hintergrund dieser Einsicht ein Rest von Unerklärbarem bestehen und muss ausgehalten werden.

Gerade an dieser Stelle bietet es sich an, auf Menschen aufmerksam zu machen, die in ihrem Glauben an Gott Hoffnung und Trost finden und auf gläubige Weise die schwere Phase nach dem Tod eines ihnen wichtigen Menschen bewältigen können. Seinen Ausdruck findet dies u.a. in ihren Gebeten. Die auf S. 68 abgebildete Tür kann Symbol für diesen Glauben sein; verweist sie doch darauf, dass wir nach christlichem Glauben davon überzeugt sind: Den Verstorbenen tut sich die Tür in ein neues Leben auf. Für gläubige Menschen ist der Tod nicht das Ende, sondern »das Tor zum Leben«.

* nach religiösen Liedern suchen, die das Symbol der Tür (des Tores) in Verbindung mit Sterben und Tod verwenden
* das Symbol Tür/Tor mit anderen Symbolen zum Thema Tod vergleichen
* Gebete zusammenstellen, in denen Menschen ihr Vertrauen auf ein Weiterleben bei Gott zum Ausdruck bringen

Ein Beispiel: Gott, schenk deine Herrlichkeit, deine Zukunft und deine Treue unseren Verstorbenen. Wir können nicht glauben, dass ihr Leben umsonst vorbeiging, und alles, was sie für uns bedeutet haben, nun verloren sein soll. Vielmehr vereinigen wir uns mit dem Glauben, in dem sie festgehalten haben an dir bis zum Ende, an dir, ihrem Gott und unserem Gott, der für uns lebt heute und alle Tage und in Ewigkeit.

Die Grafikerin und Bildhauerin Käthe Kollwitz (8. Juli 1867 – 22. April 1945) bezeichnet in einem vertrauten Gespräch mit Sohn und Schwiegertochter den Tod mehrmals mit dem Begriff »FORTGEHEN«. Für Außenstehende stellt sich unwillkürlich die Frage nach dem WOHIN. Das auf S. 77 abgebildete **Grabrelief** und der von der Künstlerin dazu formulierte Titel **»Ruhet im Frieden seiner Hände«** geben IHRE Antwort auf diese Frage. Damit formuliert sie ihren Wunsch und zugleich ihre Hoffnung für die, die in diesem Grab liegen: Für sich selbst, ihren Mann, ihren Bruder und dessen Frau, sowie für ihre Schwester und deren Mann. Sie alle ruhen in SEINEN HÄNDEN. Das Reliefbild interpretiert das In-seinen-Händen-Ruhen als das Umarmtsein eines schlafenden Kindes durch eine erwachsene Person und läßt das Bild »im Schoß der Mutter geborgen« assoziieren. Es handelt sich eine Glaubensaussage der Künstlerin: Mit dem Tod tritt der Mensch in eine enge Beziehung zu Gott; hierin findet er Schutz und Frieden.

Zur weiteren Auseinandersetzung mit dieser Glaubensaussage können die folgenden Gedanken der Künstlerin Käthe Kollwitz (aus dem Jahr 1944) beitragen. Sie bringen in einfachen Worten ihre Endlichkeits- und Grenzerfahrung sowie die Hoffnung auf die Nähe Gottes zum Ausdruck:

»Von Euch fortgehen zu müssen, von Euch und Euren Kindern, wird mir furchtbar schwer. Aber die unstillbare Sehnsucht nach dem Tode bleibt...

Ich segne mein Leben, das mir bei allem Schweren so unendlich viel Gutes gegeben hat. Ich habe es auch nicht verschleudert, ich habe nach meinen besten Kräften gelebt, ich bitte Euch nur, lasst mich jetzt fortgehen, meine Zeit ist um.«

Die Seite **»Wissenswertes«** beinhaltet zum einen Sachinformationen über den Umgang mit dem Tod und den Toten, zum anderen vermittelt sie Aspekte christlicher Antwortversuche auf die Frage nach Tod und Leben.

Wissenswertes Wissenswertes Wissenswertes

Bestattungsformen

Zu allen Zeiten der Menschheitsgeschichte wurden die Toten in einer besonderen Weise – zumeist in der Erde – bestattet. Die Bestattungsform gab häufig darüber Auskunft, welche Vorstellungen von einem Leben nach dem Tod vorherrschten. Grabbeigaben, wie etwa Schmuck oder Nahrungsmittel, gaben davon Zeugnis. In einigen Religionen, wie z.B. im Hinduismus, wurden und werden die Toten verbrannt. Die Asche wird entweder in einem Gefäß, der Urne, aufbewahrt oder über Land verstreut bzw. dem Wasser (Fluss oder Meer) übergeben. Für Christinnen und Christen war die Feuerbestattung ursprünglich nicht erlaubt. Im 19. Jahrhundert wurde sie gleichsam als Zeichen für fehlenden Glauben an die Auferstehung gesehen. 1964 wurde dieses Verbot aufgehoben. Insbesondere in großen Städten wurde die Form der Feuerbestattung aus Platzgründen gewählt. So muss sich hinter dieser Bestattungsform nicht immer eine ungläubige oder kirchenfeindliche Haltung verbergen. Ebenso wie bei der Erdbestattung kann auch hier eine kirchliche Feier stattfinden. Gläubige Menschen feiern im Gedenken an ihre Verstorbenen eine Eucharistiefeier (Requiem). Sie bringen damit ihren Glauben an ein Weiterleben nach dem Tod bei Gott, den Glauben an die Auferstehung zum Ausdruck.

Aus der Geschichte der Friedhöfe

Wenn du heute auf einen Friedhof gehen willst, musst du oft an den Stadtrand oder gar aus der Stadt hinausfahren. Dort findest du dann eine parkähnliche Anlage, den Friedhof. Nicht immer waren Friedhöfe so, wie wir sie heute kennen. In vorchristlicher Zeit wurden die Toten aus der Stadt ausgeschlossen. Tod und Leben wollte man sorgfältig trennen. Die Toten sollten die Lebenden nicht stören. Weil man die Grabstätten jedoch einigermaßen bequem erreichen wollte, legte man sie an die großen Straßen. Ein Beispiel dafür ist die berühmte Via Appia in Rom.

Im Mittelalter befand sich der Friedhof zusammen mit der Kirche im Zentrum einer Ortschaft. Der Grund dafür war vor allem die Verehrung der Heiligen und der Märtyrer. Viele wünschten sich, in der Nähe dieser Menschen beerdigt zu werden. So gab es bald keinen Friedhof mehr, an dem nicht eine Kirche gebaut worden war. Sogar in den Kirchen wurden Tote begraben. Meist handelte es sich dabei um wohlhabende und einflussreiche Persönlichkeiten. In vielen alten Kirchen kannst du diese Gräber noch gut sehen. Grabinschriften auf allen Gräbern kamen erst allmählich auf, und mit ihnen entwickelte sich auch eine entsprechend aufwendige Grabkunst. Häufig wurden die Leichen auch in mehreren Lagen in Gemeinschaftsgräbern übereinander bestattet. Gegen Ende des 18. Jahrhunderts änderte sich die Einstellung gegenüber dem Tod. Vor allem aus hygienischen Gründen verschwanden die Friedhöfe aus dem Umkreis der Kirchen. Nun wurden sie in sicherer Distanz zu den Wohngebieten am Ortsrand angelegt.

Das Grab, häufig auch eine Familiengrabstätte, wird zum Ort der Erinnerung an die Verstorbenen.

Zeichen und Symbole

Auf Todesanzeigen und Grabsteinen finden sich oft Zeichen und Symbole. Sie geben Auskunft darüber, wie die Angehörigen der Verstorbenen über den Tod denken:

Das **Kreuz** ist ein Grundsymbol des christlichen Glaubens. Manchmal wird es auch in Form eines Lebensbaumes dargestellt. Allerdings bringen heute nicht mehr alle Menschen mit der Kreuzesdarstellung eine christliche Lebenseinstellung zum Ausdruck. Vielfach gilt das Kreuz lediglich als Zeichen dafür, dass ein Mensch gestorben ist.

Das **Licht** ist ein Symbol für den auferstandenen Christus, der das Dunkel des Todes besiegt hat. Daran erinnert auch die Osterkerze. Im Johannes-Evangelium heißt es: »Ich bin das Licht der Welt. Wer mir nachfolgt, wird nicht in der Finsternis umhergehen, sondern wird das Licht des Lebens haben.« (Joh 8,12)

»Ruhet im Frieden seiner Hände«

Wer soll über uns herrschen?

frei sein – sich binden

Leitmotiv

TEILHABEN		
Tradition	Orientierung	Offenbarung

Intentionen

- die Notwendigkeit von Leitung und Orientierung einerseits und die darin liegende Gefahr von Bevormundung andererseits durchschauen können
- bestimmte Formen der Machtausübung als Unterdrückung entlarven
- Sehnsucht nach Befreiung von Unterdrückung und nach Gerechtigkeit wecken und bestärken

Worum es geht

Mit diesem Thema können zwei Aspekte erschlossen werden: Zum einen der Umgang mit Tradition und Schriftwerdung (bibelkundliche Perspektive), zum anderen das Lernfeld »Gott führt sein Volk« (bibeltheologische Perspektive).
Der Prozess der Schriftwerdung kann projektorientiert bearbeitet werden. In der Anlage der einzelnen Bausteine des Kapitels wird der Akzent darauf gerichtet, dass der literarische Entstehungsprozess subjektiv bestimmt ist: Es handelt sich um situationsbezogene, nicht um chronologische Geschichtsschreibung.
Bei der Behandlung des Schwerpunktes »Gott führt sein Volk« ist es wichtig, die sich hinter dem Wunsch nach einem Führer (König) verbergende Hoffnung zu erspüren. Prophetische Vision und prophetische Kritik korrespondieren miteinander – auch hinsichtlich der Bewertung des Königtums: Der König bzw. die Königin wird als von Jahwe erwählte Person sowohl in der Art und Weise der Amtsführung als auch in ihrer Menschlichkeit daran gemessen, inwieweit sie sich an Jahwe bindet. Letztlich bemisst sich wahres Königtum am Königtum Jahwes. Aus der Sicht des christlichen Glaubens zeigt sich im Auftreten Jesu von Nazareth das, was Gottes Herrschaft ausmacht.

So viele Geschichten ...

> ORT: Schreibstube im Palast König Salomos. Schriftrollen liegen in Regalen, auf dem Schreibpult, auf dem Boden
> ZEIT: um das Jahr 950 v. Chr.
> PERSONEN: Jonatan, ein Schreiber am Königshof; Ester, seine Enkelin; Ruben, der seine Ausbildung zum Schreiber macht

Jonatan: *(steht vor seinem Schreibpult)* Wie soll ich das bloß schaffen? In einer Woche soll ich die Schreibstube wohl geordnet meinem Nachfolger übergeben!
Ester: *(sitzt auf dem Boden)* Großvater, ich bin doch auch noch da!
Jonatan: *(seufzt)* Ach, Kind! So viele Rollen, so viele Geschichten. Ich finde mich selbst kaum zurecht. Was ich alles für den König aufgehoben habe! So viel!
Ester: Du hast mir doch das Lesen und Schreiben beigebracht. Da kann ich dir wirklich helfen! *(springt auf, geht zum Schreibpult und beginnt, die Schriftrollen nebeneinander zu legen)* Und Ruben kann auch zupacken! Ruben!!! Es steht doch geschrieben: »Die Faulen bringen es zu nichts, die Fleißigen kommen zu Reichtum.«
Jonatan: *(setzt sich auf einen Hocker, lacht)* Na, wo hast du denn diese Weisheit her?
Ruben: *(kommt zur Tür herein)* Das steht im Buch der Sprüche, das weiß doch jedes Kind!
Jonatan: Dreimalgescheiter! Wenn mein Körper auch alt ist, mein Gedächtnis ist noch so gut wie immer. Dann auf, ihr Fleißigen! Legt alle Rollen auf die rechte Seite des Raumes. Wir wollen sie dann nach ihrem Alter ordnen. Dort in dem großen Regal legen wir sie ab. Aber seid vorsichtig, damit nichts bricht!
Ester: Los, Ruben, mach schon! Großvater, du kannst inzwischen ein wenig ausruhen.

> Zwei Stunden später: Ester und Ruben sind gerade fertig geworden und betrachten ein wenig erschöpft ihre Arbeit.

Ester: Wir haben es geschafft! Und jetzt?
Jonatan: *(setzt sich ans Pult)* Schön, schön. Jetzt öffnet ihr immer vorsichtig eine Rolle. Dann lest ihr den Anfang vor. Ich sag euch dann, wann ich das geschrieben habe.

Ruben: Aha. Und wir legen dann die ältesten Rollen ins oberste Regalfach, die nächsten darunter...
Ester: *(unterbricht ihn)* ... und immer so weiter. *(greift eine Rolle, beginnt, sie auseinander zu drehen und liest laut vor)* »Alle Stämme Israels kamen zu David nach Hebron...«
Jonatan: Leg sie in das mittlere Fach, weit nach vorne. Da wird erzählt, dass David zum König gesalbt wurde.

> Nach einer Weile ist erst ein kleiner Teil der Schriftrollen im Regal verstaut. Nun greift Ruben zur nächsten Rolle und liest:

Ruben: »Die Leute von Israel sprachen zu Gideon: ›Werde Herrscher über uns, du und dein Sohn und dein Enkel, denn du hast uns aus der Gewalt Midians befreit.‹ Gideon aber antwortete ihnen: ›Ich werde nicht über euch herrschen, und auch mein Sohn wird es nicht tun. Gott allein soll Herrscher über euch sein.‹« – Na, das muss aber ein uralter Text sein!
Jonatan: Du hast recht, diesen Text hatte ich schon fast vergessen! Er wurde aufgeschrieben, als Israel noch keinen König hatte.
Ester: Warum hatte Israel damals keinen König? Jedes Volk braucht doch einen Anführer oder eine Anführerin – oder etwa nicht?
Jonatan: Ruben, lies doch bitte den Text noch einmal vor. Dort finden wir eine Antwort auf deine Fragen, Ester.
Ruben: »Die Leute von Israel sprachen zu Gideon: ›Werde Herrscher über uns, du und dein Sohn und dein Enkel, denn du hast uns aus der Gewalt Midians befreit.‹ Gideon aber antwortete ihnen: ›Ich werde nicht über euch herrschen, und auch mein Sohn wird es nicht tun. Gott allein soll Herrscher über euch sein.‹« – Also: Ich bin unheimlich stolz darauf, dass wir Salomo zum König haben! Durch ihn ist unser Volk auf der ganzen Welt bekannt und berühmt. Fast jeden Tag kommen bedeutende Leute, Fürstinnen und Fürsten aus aller Welt, um seine Pracht zu sehen. Schaut doch nur die Pracht an unserem Königshof an: Den großen Palast, die riesigen Verwaltungsgebäude, die Ställe für die vielen Pferde – all diese Beamten und Bediensteten und den ganzen Hofstaat! Ich finde das alles unheimlich gut!

Salomo – ein König nach unserem Herzen?

Ester: Ich weiß nicht so recht, was ich von Salomo halten soll. Ja, seine Pracht ist herrlich. Und er soll ja auch ein weiser König sein. Aber ich habe auch anderes gehört!

Jonatan: *(schnaubt verächtlich)* Ja, das Urteil über Salomo ist nicht einfach zu sprechen. Ich bin ein alter Mann und kann offen reden. Salomo hat unserem Volk schwere Lasten auferlegt. Er fordert immer mehr Steuern. Deshalb müssen viele Menschen hungern, vor allem die Bergbauern, die Witwen und Waisen. *(wird immer aufgeregter)* Und wofür will er das ganze Geld? Damit er und seine Frauen in Luxus leben können! Sie schlafen in seidenen Betten, trinken aus goldenen Bechern und essen von silbernen Tellern. Er braucht das Geld, um riesige Gelage abhalten zu können! Und wer bezahlt all die vielen edlen Pferde? Die Palastbauten für seine vielen Frauen, die Heiligtümer für ihre Gottheiten – alle wurden mit unseren Steuergeldern errichtet! Und – soll ich euch noch etwas verraten? Viele seiner Sprüche und Gedichte, die ihr in der Schriftrolle »Sprüche Salomos« nachlesen könnt, stammen gar nicht von ihm selbst. Er hat sie zum Teil aus alten ägyptischen Quellen übernommen!

Ester: *(schaut den Großvater besorgt an)* So kenne ich dich ja gar nicht, Großvater! Reg dich doch bitte nicht so auf!

Jonatan: *(wird wieder ruhiger)* Ist schon gut, Ester. Ich kann ja doch nichts mehr verändern! Lass uns weitermachen! Ruben, was steht auf der nächsten Schriftrolle?

Ruben: »Du darfst nur einen solchen König über dich einsetzen...«

Jonatan: *(lacht)* Na, wenn das kein Zufall ist! Lies weiter!

Ruben: »... nur einen solchen König über dich einsetzen, den der Herr, dein Gott auserwählt. Der König soll aber nicht zu viele Rosse halten. Er soll auch keine große Zahl von Frauen nehmen, damit sein Sinn nicht vom rechten Weg abweicht. Er soll nicht zu viel Geld und Silber anhäufen. Sein Leben lang soll er die Weisung mit sich führen, damit er lernt, den Herrn, seinen Gott, zu fürchten, auf alle Worte dieser Weisung und dieser Gesetze zu achten, sie zu halten. Sein Herz soll er nicht über seine Brüder erheben und vom Gebot Gottes weder nach links noch rechts abweichen, damit er lange als König in Israel lebe, er und seine Nachkommen.

Jonatan: Dazu fällt mir noch eine andere Schrift ein! Ester, gib mir mal die Rolle aus dem letzten Regal, im mittleren Fach!

Ester: Dieses verstaubte Stück?

Jonatan: Ja! Hört einmal her, was sagt ihr dazu? Mit folgenden Worten warnte schon der Prophet Samuel das Volk vor den Folgen des Königtums:

Das werden die Rechte des Königs sein, der über euch herrschen wird: Er wird sich eure Söhne holen und sie für sich bei seinen Wagen und seinen Pferden verwenden und sie werden vor seinem Wagen herlaufen. Sie müssen sein Ackerland pflügen und die Ernte einbringen. Sie müssen seine Kriegsgeräte und die Ausrüstung seiner Streitwagen anfertigen. Eure Töchter wird er holen, damit sie ihm Salben zubereiten und kochen und backen. Eure besten Felder, Weinberge und Ölbäume wird er euch wegnehmen und seinen Beamten geben. Eure Knechte und Mägde, eure besten jungen Leute und eure Esel wird er holen und für sich arbeiten lassen. Ihr selber werdet seine Sklaven sein.

Ein gerechter König wird kommen

Ester: Wenn ich das alles so bedenke, dann muss ich sagen, dass Salomo viel Ähnlichkeit mit dem Pharao hat!
Ruben: Dem Pharao?
Jonatan: Der ägyptische König wird Pharao genannt. Bei seiner Thronbesteigung wird ihm der Name «Sohn des Sonnengottes Re» verliehen. Er wird als Sohn Gottes verehrt. Und die Menschen in Ägypten beten, dass seine Regierungszeit eine glückliche Zeit wird. Denn es ist die Aufgabe des Pharao, für das Wohlergehen seines Landes Sorge zu tragen. Als Sohn des Gottes Re soll er die göttliche Ordnung aufrecht erhalten. Der Pharao wird auch »Hirte« genannt. So hofft das Volk darauf, dass alle Frieden, Gerechtigkeit, Wohlstand erleben und ein gutes Leben führen können.
Ruben: Das klingt doch gut!
Ester: Aber nicht alle ägyptischen Könige haben es geschafft, diese Hoffnung zu erfüllen!
Jonatan: Ihr habt beide recht! Sicherlich hofft jedes Volk auf einen guten und gerechten König. Aber nicht alle Könige werden dieser Aufgabe gerecht! Es ist auch gefährlich, viel Macht zu haben. Und ein König hat Macht über Leben und Tod seiner Untertanen! Nicht immer gehen Herrscher mit dieser Macht gut um. Manche missbrauchen sie.

Viele Jahre später: Salomo ist längst gestorben; seine Nachfolger heißen Rechabeam und Jerobeam. Unter ihrer Herrschaft ist das Königshaus zerfallen. Es erfolgte die Trennung in das Nordreich Israel und das Südreich Juda. Die Hoffnung auf einen gerechten König wächst. Mittlerweile ist auch Ruben ein alter Mann geworden. Nun ist er der Leiter der Schreibstube am Königshof in Jerusalem.

Ruben: Das ist aber schön, dass ich dich noch einmal wiedersehe! Erinnerst du dich noch?
Ester: Aber ja doch! Gibt es all die alten Schriftrollen noch, die wir damals geordnet haben?
Ruben: Natürlich! Heute geht es mir genauso wie deinem Großvater damals: Ich kann mich von keiner einzigen Rolle trennen! Vielleicht bleiben sie ja auch für die Menschen, die nach uns leben, bedeutsam. *(Zieht eine Schriftrolle aus einem Umhängebeutel)* Schau, was ich dir zeigen möchte! Lies! Ich bin gespannt, was du dazu sagst!

Ester: *(liest laut)* »Seht: Ein König wird kommen, der gerecht regiert, und Fürsten, die herrschen, wie es recht ist. Jeder von ihnen wird wie ein Zufluchtsort vor dem Sturm sein, wie ein schützendes Dach beim Gewitter, wie Wassergräben an einem dürren Ort, wie der Schatten eines mächtigen Felsens im trockenen Land. Dann sind die Augen der Sehenden nicht mehr verklebt, die Ohren der Hörenden hören wieder zu. Das Herz der Unbesonnenen gewinnt Erkenntnis und Einsicht, die Zunge des Stammelnden redet wieder deutlich und klar.«
Ruben: Nun, was sagst du?
Ester: Oh, Ruben, das ist ein wunderschöner Text! Ach, wäre das gut, wenn endlich ein gerechter König kommen würde. Dann würde...

Noch Stunden sitzen Ester und Ruben beieinander und malen sich aus, wie es wäre, wenn ein gerechter König käme.

Auch Jahrhunderte später – es gab in Israel und Juda keine Könige mehr – gaben Menschen die Hoffnung nicht auf, dass eines Tages ein gerechter König kommen würde. Vor allem in Zeiten, in denen das Volk unterdrückt und ausgebeutet wurde, lebte diese Hoffnung immer wieder auf.
Menschen, die Jesus von Nazareth begegneten, sahen in ihm diesen gerechten König.

Wissenswertes Wissenswertes Wissenswertes

Der Schreiber

Erst um das 6. Jhdt. v. Chr. wurden Schulen gegründet, in die auch Jungen und Mädchen aus dem Volk gehen durften. Bevor es solche Schulen für breitere Volksschichten gab, konnten die meisten Menschen weder lesen noch schreiben. Deshalb gab es den Beruf des Schreibers. An ihn wandten sich die Leute mit dem Auftrag, Briefe zu verfassen, Rechnungen zu schreiben oder Kaufverträge aufzusetzen oder um sich Schriftstücke vorlesen zu lassen. Am Hof der Könige Israels gab es seit David und Salomo fest angestellte Schreiber und Schreiberschulen. Sie schrieben die wichtigsten Ereignisse im Leben der Könige und der Geschichte des Reiches auf. Vor allem erledigten sie den Schriftverkehr zwischen den Königreichen. In den Schulen wurden auch die alten mündlichen Überlieferungen Israels gesammelt und zu großen Schriftwerken zusammen gestellt.

Herstellung des Papyrus

Papyrus ist das Papier der alten Völker, auf dem uns schriftliche Zeugnisse vergangener Zeiten überliefert sind. Papyrus wird aus dem Mark der Papyrus-Pflanze hergestellt.

Zunächst werden die Markstengel in Streifen geschnitten,

dann übereinander geschichtet und verklebt.

Die Oberfläche wird mit einem Holzhammer geklopft

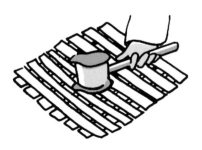

und anschließend geglättet.

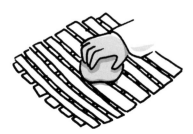

Jerusalem

Die alte und wichtige Stadt Jerusalem wurde durch Davids Soldaten in einem Überraschungsangriff erobert. König David wurde Herrscher über ein mächtiges Zentrum. So wurde Jerusalem zur »Davids-Stadt«. David vergrößerte das Reich und befestigte es. Unter seinem Sohn Salomo begann der Ausbau Jerusalems zu einer großköniglichen Residenz und zum kultischen Zentrum. Von Jerusalem aus bestanden Handelsbeziehungen bis zu den Küstenstädten des Mittelmeers und bis nach Ägypten. Durch die Kontakte mit der Kunst und dem Handwerk der umliegenden Reiche wurde Jerusalem zu einer internationalen Stadt. Viele Kulturen und Religionen trafen hier aufeinander. Nach dem Tod Salomos zerfiel das Großreich. Jerusalem wurde Hauptstadt des kleinen Königreiches Juda im Gebirge. Hier regierten die Nachkommen Davids bis zur Eroberung Jerusalems durch die Babylonier.

Der Tempel Salomos

König David war es zu seinen Lebzeiten nicht mehr gelungen, einen Tempel aus Stein zu errichten. So blieb der Tempelbau die Aufgabe seines Sohnes Salomo. Der Tempel wurde in den königlichen Palast eingegliedert. Er war deshalb königlicher Besitz und Staatsheiligtum. Als Ort des Tempels galt Jerusalem auch als Ort der Begegnung mit Gott. Vor allem zu großen Festen zogen Menschen aus dem ganzen Land zum Tempel hinauf und wohnten dort dem Gottesdienst bei. Den Frommen galt der Tempel als Abbild eines himmlischen Heiligtums, des »Himmlischen Jerusalem«. Dort werden sich Gott und die Menschen endgültig und ganz nahe sein.

Erläuterungen und methodische Anregungen

Die mit Krone und Königsmantel geschmückte **Thorarolle** auf der Kapiteleingangsseite weist darauf hin, wie die einzige Antwort auf die Frage »Wer soll über uns herrschen?« aus biblischer Sicht lauten kann. Sie symbolisiert daher die Kernaussage des Kapitels: Nicht Menschenherrschaft ist gemeint, die oft mit Bevormundung und Unterdrückung einhergeht, sondern die »Herrschaft« der Weisungen Gottes, die in der Thora enthalten sind. Diese Weisungen sind auf die Freiheit der Menschen gerichtet. Sie sind der Maßstab, der an alle menschlichen Herrscherinnen und Herrscher gerichtet ist und an dem sie gemessen werden.

Das fiktive Gespräch zwischen Jonatan, Ester und Ruben **»So viele Geschichten«** will einen ersten Einblick in eine Schreibstube zur Zeit Salomos und Hinweise zum Schriftwerdungsprozess geben. Es lässt Fragen aufkommen nach Begriffen wie dem der Schriftrolle oder nach dem damals verwendeten Schreibmaterial. Deshalb ist hier das Einbeziehen der Bausteine »Der Schreiber« und »Herstellung des Papyrus« unter **»Wissenswertes«** angebracht.

Darüber hinaus gibt das Gespräch die Möglichkeit, sich mit Israels ersten Königen, Saul und David, zu befassen. Ausgehend von Erfahrungen des bestehenden Königtums wird zurückgefragt, wie und warum in Israel der Wunsch nach einem Anführer wach wurde und wie es schließlich zur Einrichtung des Königtums kam.

* Gründe dafür aufschreiben, warum die Israeliten Gideon zum Anführer haben wollten (vgl. Ri 8,22f.; 6,11-24)
* 2 Sam 5,1-12 lesen und herausarbeiten, wie und warum David zum König gesalbt wurde
* Salomo (so wie Ruben ihn sieht) mit Gideon vergleichen

Der Wunsch nach einem (königlichen) Anführer oder einer Anführerin ist nicht auf die Vergangenheit beschränkt. Daher könnte mit den Schülerinnen und Schülern die Tatsache verdeutlicht werden, dass die damaligen Probleme mit dem Königtum heute – wenn auch mit anderen Akzenten – ebenso akut sind wie zur Zeit Salomos.

* sich darüber austauschen, warum Menschen in den verschiedensten Bereichen des Lebens Anführer und Anführerinnen haben oder selbst anführen möchten
* Beispiele suchen, wo Menschen sich im »Glanz« von Führungsgestalten »sonnen«
* sich informieren und Erfahrungen darüber austauschen:
  – Was löst »Wir-Gefühle« aus (z.B.: Unsere Tennis-Königin! – Wir sind Fußball-Weltmeister!)?
  – Weshalb besuchen so viele Leute Prachtbauten und Schlösser?
  – Warum werden in den Illustrierten so gerne Berichte über Königshäuser und Stars gelesen?
* darüber sprechen, dass die Begeisterung für Glanz und Pracht, Erfolg und Ansehen Vor- und Nachteile haben kann

In den Abschnitten **»Salomo – ein König nach unserem Herzen?«** und **»Ein gerechter König wird kommen«** wird die umstrittene Gestalt Salomos anhand des Königsrechts in Israel hinterfragt. Diese Teile des fiktiven Gesprächs beziehen sich insbesondere auf folgende Texte der Bibel: 1 Sam 8,11-18 (Samuel warnt vor der Einsetzung des Königtums); Dtn 17,14-20 (Königsrecht); 1 Kön 4 und 5; 6,1-38; 9,10-28; 10,1-13.18-20; 11,1-8 (berichten von der Größe und Weisheit König Salomos). Während die prokönigliche Partei Salomos Fortschrittlichkeit und seinen Erfolg, dem Königtum in Israel weltweiten Ruf zu verschaffen, in hohen Tönen lobt, urteilen die jahwetreuen Kritikerinnen und Kritiker anders. Sie werfen Salomo vor, sich nicht an den Weisungen der Thora, sondern am ägyptischen Königtum zu orientieren. Zwar lässt sich Salomo nicht als Gott verehren, entwickelt aber doch während seiner Regierungszeit ebenso wie die Pharaonen gottähnliche Ansprüche. Deutlich wird dies vor allem im Machtmissbrauch: Er versklavt freie Israeliten.

* Gründe für die unterschiedliche Bewertung Salomos zusammentragen und diskutieren
* einen Steckbrief über König Salomo anfertigen
* Gemeinsamkeiten zwischen König Salomo und dem König in Ägypten zusammenstellen
* über folgende Äußerung diskutieren: »Aber das sind doch alles alte Geschichten! So etwas gibt es doch heute nicht mehr!«

Im Rückblick auf die Herrschaft Salomos und unter seinen Nachfolgern wird im letzten Teil des Gesprächs zwischen Ester und Ruben die Sehnsucht nach einem gerechten König – einem König nach dem Herzen Jahwes – thematisiert. Wichtigster Bezugstext dazu ist Jes 32,1-4, eine der sog. messianischen Weissagungen. Von hier aus lässt sich dann der Bezug zum Königtum Jesu Christi herstellen.

Der Text **»Jesus Christus – ein König?«** will zum Nachdenken darüber anregen, warum Christinnen und Christen Jesus als »König« bezeichnen – obwohl er der herkömmlichen Vorstellung eines Königs nicht entspricht.

* das Gespräch zwischen Ester und Ruben über ihre Vorstellungen von der Herrschaft eines gerechten Königs nachspielen
* weitere »Bilder« für ein gerechtes Königtum suchen
* mit den Bildern aus Jes 32,1-4 und zusätzlich gefundenen eine Collage erstellen bzw. die Sprachbilder malen
* eine Phantasiereise machen: »Mein Traum von einer gerechten Welt« und anschließend darüber sprechen / den Traum malen / in Musik umsetzen
* sich darüber austauschen, was jede und jeder einzelne zur Verwirklichung dieses Traums beitragen kann
* ggf. eine Aktion »Für eine gerechtere Welt« planen und durchführen

Vorschlag für projektorientierten Unterricht zum Thema »Die Entstehung der Bibel«

(Zum projektorientieren Arbeiten allgemein s.o. S. 15)

Die Phase der **Vorbereitung** dient dem Sammeln von Teilaspekten des Themas »Die Entstehung der Bibel« durch die Schülerinnen und Schüler.

Brainstorming, in dem die Kinder ihre Fragen zum vorgestellten Thema und ihre Interessengebiete äußern. Die Äußerungen werden an der Tafel, auf einem Plakat oder auf Wortkarten festgehalten, z. B:
- Womit wurde damals geschrieben?
- Wann wurde die Bibel geschrieben?
- Gab es damals schon unsere Schrift?
- Haben alle Kinder das Schreiben lernen müssen?
- Gab es damals schon Papier?
- Mussten alle Jungen und Mädchen zur Schule gehen?
- Gab es Schulen so wie heute?

Ergänzung mit Hilfe von entsprechenden Sachbüchern, z.B.:
- Was ist eine Schriftrolle?
- Seit wann haben die Bücher der Bibel ihre Namen?
- Was bedeutet »mündliche Überlieferung«

Sortieren der Ergebnisse (durch farbiges Unterstreichen bzw. Ordnen der Wortkarten).

Für die **Themenfindung und -akzentuierung** werden nun die geordneten Teilbereiche des Projektthemas zu Themen zusammengefasst, die von interessierten Schülerinnen und Schülern (themenzentrierte Gruppenbildung) bzw. von (teilnehmer/innenabhängig entstandenen) Kleingruppen ausgewählt werden, hier:

Themen:
- Schreibmaterialien
- Schrift der Bibel
- Schriftrolle
- Schreiber / Schreiberin und Schreibstube
- mündliche Überlieferung
- Schriften der Bibel

Die jeweilige Kleingruppe (im Idealfall vier Schülerinnen und Schüler) sondiert in einem ersten Schritt mögliche Inhalte ihres Themas

z.B. die Gruppe »Schreibmaterialien«:
- Papyrus ⇨ Gewinnung und Herstellung
- Pergament ⇨ Gewinnung und Herstellung
- Schreibgeräte

und erstellt einen vorläufigen Arbeitsplan zur Bearbeitung der Inhalte.
Die Gruppenergebnisse werden im Plenum vorgestellt und diskutiert. Die Lehrkraft gibt ggf. zusätzliche Anregungen oder bringt Korrekturen an.

Auf dieser Basis wird der endgültige **Arbeitsplan** für das gesamte Projekt sowie für die einzelnen Gruppen erstellt. Hier:

Zeitlicher Rahmen des gesamten Projekts: 6 Wochen
Arbeitszeit in den Gruppen: 3 Wochen (zzgl. Hausaufgaben)
Zwischenbesprechungen: je nach Bedarf
Verantwortlichkeiten: pro Gruppe eine Sprecherin / ein Sprecher; sowie Anfertigung eines Ergebnisprotokolls über jede Arbeitseinheit, im Wechsel von allen Gruppenmitgliedern

Die nun folgende **Materialsuche und -bearbeitung** geschieht einerseits durch die Schülerinnen und Schüler selbst, wird andererseits – soweit erforderlich – durch die Lehrkraft unterstützt. Hier:

Die Gruppe »Schreibmaterial« findet Material
- in der Bibliothek der Schule (Bibellexikon; Sachbücher)
- sichtet von der Lehrkraft zur Verfügung gestelltes Material (u.a. Bildband; Papyrus-Pflanze; Papyrus; Pergament).

Die Zwischenbesprechungen dienen zum einen dazu, den Stand der Arbeiten zu erheben, zum anderen werden sie dann notwendig, wenn offene Fragen bzw. aufgetretene Probleme im Plenum zu diskutieren sind, ohne deren Klärung eine Weiterarbeit erschwert wird.

Die Frage nach Möglichkeiten der **Präsentation der Gruppenergebnisse** steht in engem Zusammenhang mit der Frage der Bewertung bzw. Benotung der Ergebnisse. Sowohl die Präsentationsmöglichkeiten als auch die Kriterien für die Bewertung der Ergebnisse werden in der Klasse – ggf. bei der Erstellung einer Zwischenbilanz – besprochen. Die Benotung kann in Form einer Gruppennote (festgelegt durch Klasse und Lehrkraft) und/oder in Form einer Einzelnote (festgelegt durch die Lehrkraft; Basis: Vortrag und Diskussion bzw. hergestelltes Produkt) erfolgen.

Präsentationsmöglichkeiten:
- mündliche Erläuterung durch alle Gruppenmitglieder mit anschließender Möglichkeit der Nachfrage
- Gestalten von Plakaten
- Anfertigung einer (Wand-)Zeitung

- Anfertigung und Ausstellung praktischer Arbeiten (z.B. Modelle; Anordnung von hergestellten oder originalen Gegenständen)
- Quiz oder Rätsel
- Spiel
- Lied
- Tanz

Die Präsentation erfolgt im Klassenraum und/oder im Schulgebäude.

Bewertungskriterien:
- Ziel: Ist das Bearbeitungsziel erreicht worden?
- Inhalt: Wurde das Thema umfassend bearbeitet?
- Kreativität: Beweist die Gruppe Phantasie und Einfallsreichtum bei der Präsentation des Ergebnisses?
- Art der Darstellung: Hat die Gruppe sauber und ordentlich gearbeitet?

Literaturhinweise

Arenhoevel, Diego: So wurde Bibel. Sachbuch zum Alten Testament, Verlag Katholisches Bibelwerk 1992

Elliot, Betsy Rossen / Lang, J. Stephen: Das Bibelbuch der Rekorde. Eine spannende Bibelkunde für Kinder, Haenssler Verlag 1993

Grabner-Haider, Anton (Hg.): Praktisches Bibellexikon, Herder Verlag 1994

Friedman, Richard Elliott: Wer schrieb die Bibel? Die spannende Entstehungsgeschichte des Alten Testaments, Bastei-Lübbe TB, 1992

Koch, Klaus / Otto, Eckart / Roloff, Jürgen u.a. (Hg.): Reclams Bibellexikon, Reclam Verlag, 5. rev. u. erw. Aufl. 1992

Langer, Wolfgang (Hg.): Handbuch der Bibelarbeit, Kösel Verlag 1984

Merriman, Nick / Hart, George / Tubb, Jonathan u.a. (Hg.): Sehen, Staunen, Wissen: Erlebte Geschichte, Band 3: Länder und Völker der Bibel, Gebr. Gerstenberg 1993

Mertens, Heinrich A.: Handbuch der Bibelkunde. Literarische, historische, archäologische, religionsgeschichtliche, kulturkundliche, geographische Aspekte des Alten und Neuen Testaments. Ein Arbeitsbuch für Unterricht und Predigt, Patmos Verlag 1989

Tischler, Gregor: Und Gott schrieb ... So verstehen sie die Bibel, Kösel-Verlag 1996

Jesus Christus – ein König?

Unsere Sprache versperrt uns leicht das richtige Verständnis:

Ich höre »König« und denke an Macht.
Ich höre »König« und denke an Pracht und Reichtum.
Ich höre »König« und denke an Glück und Freiheit.

Ich wäre gerne selbst ein König
oder eine Königin.
Dann könnte ich den anderen befehlen, und sie würden gehorchen.
Dann hätte ich Schränke voll schöner Kleidung.
Dann würde ich immer das tun, wozu ich gerade Lust habe.

Jesus Christus wird auch König genannt.

Aber wenn ich Jesus Christus höre, dann denke ich
an ein kleines Kind in einer armseligen Hütte.
Wenn ich Jesus Christus höre, dann denke ich an einen Mann,
der sich mit armen und kranken Menschen umgeben hat.
Wenn ich Jesus Christus höre, dann denke ich
an seinen grausamen Tod am Kreuz.

Jesus Christus – ein König?

Jesus Christus – er hatte keine Macht wie die Mächtigen.
Jesus Christus – er lebte nicht in Pracht und Reichtum.

Aber er machte die Menschen glücklich und frei.

Ich glaube: Jesus Christus ist ein wirklicher König.

Fragen und Träumen

träumen – realistisch sein

Leitmotiv

ERSEHNEN		
Gestaltungsfähigkeit	Zuversicht	Reich Gottes

Intentionen

- sich nicht einfach zufrieden geben wollen mit dem, was ist
- unbequeme Fragen an die (Verantwortlichen in der) Welt stellen und deren Antworten nicht fraglos übernehmen
- Phantasie und Kreativität entfalten und damit Außergewöhnliches wagen
- Hoffnung wider alle Hoffnung aufkommen lassen; Visionen zulassen und ihnen trauen

Worum es geht

Es geht um den Traum von einer besseren Welt – um eine wirkliche Verbesserung all jener Erscheinungen und Entwicklungen in der Welt, die geglücktes Leben in jeglicher Form erschweren, verhindern oder gar zerstören. Für Christinnen und Christen verbindet sich damit die Hoffnung auf das Wachsen und die Vollendung des Reiches Gottes.

Einerseits verbirgt sich dahinter die Zusage Jesu von Nazareth: Das Reich Gottes ist mitten unter euch. Damit ist sowohl der Geschenkcharakter angesprochen, als auch die Aufforderung verbunden, die eigenen Fähigkeiten ggf. auch gegen Widerstände einzusetzen, um das Reich Gottes zu realisieren. Andererseits geht es darum, die prophetische Vision einer neuen Schöpfung aufzunehmen und deren Bilder mit Leben zu füllen.

Hierbei treten auch Engel – Boten Gottes – in Erscheinung, durch die das Göttliche Eingang findet in die Alltäglichkeit menschlichen Daseins. Die in diesem Kapitel auftretende Figur des Tistou – Bild eines »Engels« aus der Kinder- und Jugendliteratur – zeigt auf frappierend einfache und zugleich »unglaubliche« Weise, dass »Fragen und Träumen« die Welt verändern kann.

Das Kind stellt zu viele Fragen!

Eine Lektion über Gesetz und Ordnung
Herr Trommelpfiff, der Hauslehrer: Das Gefängnis ist das höchstwichtigste Gebäude, in das diejenigen gesteckt werden, die Unordnung ausstreuen.
Tistou: Warum haben die Mauern vom Gefängnis überall diese schlimmen Eisenspitzen angebracht?
Herr Trommelpfiff: Damit die Gefangenen nicht weglaufen können.
Tistou: Wenn das Gefängnis nicht so hässlich wäre, würden sie vielleicht gar nicht versuchen, wegzulaufen.
Herr Trommelpfiff: Du musst wissen – ein Gefangener ist ein böser Mensch.
Der Junge Tistou: Ach so – und man setzt ihn ins Gefängnis, um ihn von seiner Bösartigkeit zu heilen?
Herr Trommelpfiff: Das Kind muss sehr genau überwacht werden; es stellt schon zu viele Fragen.

Eine Lektion über das Elend
Tistou: Warum sind die Menschen im Barackenviertel so blass?
Herr Trommelpfiff: Sie sind so blass, weil sie so eng beieinander leben müssen, ohne Licht und Luft.
Tistou: Aber weshalb wohnen die Leute in diesen Kaninchenställen?
Herr Trommelpfiff: Weil sie kein anderes Haus haben natürlich – was ist das für eine dumme Frage!
Tistou: Und warum haben sie kein Haus?
Herr Trommelpfiff: Weil sie keine Arbeit haben.
Tistou: Und warum haben sie keine Arbeit?
Herr Trommelpfiff: Weil sie kein Glück haben! Das ist das Elend. Also weiter in unserer Lektion: Was ist das wichtigste Mittel zur Bekämpfung des Elends? Na, Ge- Ge- ...?
Tistou: Ach ja, vielleicht Geld?
Herr Trommelpfiff: Nein, Gesetz und Ordnung! Der Junge ist zerstreut und spitzfindig. Seine edlen Gefühle stehen der Entwicklung des notwendigen Wirklichkeitssinnes im Wege.

Eine Lektion über die Krankheit
Herr Vielübel, der Krankenhausarzt: Was weißt du von der Medizin?
Tistou: Ich habe gelernt, dass die Medizin nicht viel helfen kann, wenn das Herz traurig ist. Und ich habe gelernt, dass man Lust zum Leben haben muss, wenn man gesund werden will.
Herr Vielübel: Da hast du ganz allein das erste und wichtigste gefunden, was ein Arzt beherzigen muss!
Tistou: Und was ist das zweitwichtigste?
Herr Vielübel: Dass man die Menschen sehr lieben muss, um ihnen richtig helfen zu können.

Eine Lektion über den Krieg.
Tistou: Was halten Sie denn vom Krieg?
Herr Schnurrebarbe, der Gärtner: Ich bin dagegen, natürlich!
Tistou: Und warum sind Sie dagegen?
Herr Schnurrebarbe: Nun – weil ein einziger, kleiner Drecks-Krieg einen ganzen großen Garten vernichten kann.
Tistou: Haben Sie so etwas schon gesehen?
Herr Schnurrebarbe: Ich habe gesehen, wie ein ganzer Garten voll blühender Blumen in zwei Minuten starb! Und so viele Bomben fielen in den Garten, dass man ihn nie wieder bearbeiten konnte. Selbst die Erde war tot. Und es gibt noch schlimmere Dinge: Menschen verlieren einen Arm oder ein Bein oder sie verlieren einen Menschen. Wenn Krieg ist, verlieren alle etwas.

Tistou hat grüne Daumen

»Mein Junge, du hast da etwas ebenso Überraschendes wie Außergewöhnliches an dir – du hast grüne Daumen!« sagte der Gärtner Schnurrebarbe.

»Grüne?« rief Tistou verdutzt. »Ich meine, sie sind eher rosa – und jetzt im Augenblick sind sie sogar ziemlich schmutzig. Aber doch nicht grün!«

»Sicher, sicher – du kannst das nicht sehen«, antwortete Schnurrebarbe, »das Grüne am Daumen ist eher unsichtbar – das sitzt mehr unter der Haut. So etwas nennt man ein verborgenes Talent.«

»Und wozu ist das gut, wenn man grüne Daumen hat?«
»Tja, das ist eine wunderbare Eigenschaft«, antwortete der Gärtner, »ein Geschenk des Himmels. Siehst du, es gibt überall Samenkörner. Wenn ein grüner Daumen eines dieser Körner berührt – das kann sein, was es will – dann wächst eine Blume daraus hervor, im selben Augenblick!«

Der Junge Tistou geht mit offenen Augen durch die Welt.
»Ich denke, dass die Welt viel viel besser sein könnte als sie ist«, sagte er einmal zu seiner Mutter.
»Das sind keine Gedanken für dein Alter, Tistou«, antwortete diese.

Dennoch: Die Menschen in Kimmelkorn erlebten mit Tistou so manche Überraschung.

Er machte sich seine eigenen Gedanken: »Wie schrecklich muss ein Gefängnis für Menschen sein! Warum macht man die armen Gefangenen so hässlich – davon können sie doch nicht besser werden. Ich bin sicher, wenn man mich so einsperren würde, würde ich am Ende sehr bösartig werden, sogar wenn ich vorher nie etwas Schlimmes getan hätte. Was kann man bloß machen, damit die Gefangenen nicht so unglücklich sind?«

Und plötzlich hatte er eine Idee. ›Wie wär‹s, wenn ich für die armen Gefangenen ein paar Blumen wachsen ließe? Das würde die Ordnung vielleicht ein wenig verschönern – mir scheint, sie kann das brauchen. Und vielleicht würden die Gefangenen dadurch braver und vernünftiger.‹
Soll ich meine grünen Daumen mal ausprobieren?«

Tistou reibt erwartungsvoll die Daumen. Schon streckt er seine Daumen aus...

Wenn Gedanken und Träume ...

Und eines Tages wird es geschehen,
dass ein Mensch geboren wird, der weise ist und einen klugen Verstand hat,
der anderen gut raten kann und sie stark macht,
der gute Ideen hat und der Gott liebt.
Dieser Mensch wird gerecht sein und dafür Sorge tragen,
dass alle Gerechtigkeit erfahren
und dieser Mensch wird keine Gewalt dulden.
Dann wird es sogar geschehen,
dass der Wolf beim Lamm wohnt und das Böcklein neben dem Panther schläft.
Dass das Kalb und Löwenjunge gemeinsam weiden,
und ein kleines Kind sie hüten kann.
Dass die Kuh mit der Bärin Freundschaft schließt,
und ihre Jungen miteinander spielen.
Es wird so sein, dass sich der Löwe wie das Rind mit Grünfutter ernähren wird.
Und dass der Säugling vor dem Schlupfloch der Natter spielt
und die Natter sorglos streicheln kann.
Nirgends mehr werden Menschen oder Tiere
einander Schaden zufügen oder sich gegenseitig vernichten.
(nach Jes 11,1-9)

Als der Prophet Jesaja im 8./7. Jahrhundert v. Chr. diesen Traum von einer neuen Welt aufschreibt, haben die Menschen in Israel und Juda große Sorgen und Probleme:

- *wenige Reiche unterdrücken die Armen;*
- *mächtige und einflussreiche Menschen missbrauchen ihre Macht;*
- *arme Menschen werden um ihr Recht betrogen;*
- *Kriege verwüsten das gesamte Reich;*
- *die Hauptstadt Jerusalem wird von Assyrern erobert;*
- *viele Menschen verlieren ihren Glauben und ihre Hoffnung.*

Jesaja aber macht auf die Missstände aufmerksam und stellt den Reichen unbequeme Fragen. Die armen, unterdrückten und vom Krieg geschädigten Menschen aber tröstet er – damit sie ihre Hoffnung nicht verlieren. Er verkündet:

Die Völker und Nationen werden ihre Schwerter zu Pflugscharen
und ihre Speere zu Winzermessern umschmieden.
Und nie mehr wird ein Volk gegen das andere die Waffen erheben:
Nie mehr wird es Krieg geben. (nach Jes 2,4)

Auch der Prophet Deuterojesaja (d.h. der zweite Jesaja) möchte den Menschen Hoffnung geben, die in einem vom Krieg zerstörten Land leben müssen:

Gott wird das Land wieder aufrichten und die Verwüstungen heilen.
Er wird den Gefangenen sagen: »Kommt heraus!«
und denen, die im Finstern sind: »Kommt ans Licht!«
Auf dem zerstörten Land werden wieder fruchtbare Weiden entstehen
und der Boden wird wieder Früchte tragen.
Die Menschen werden nicht mehr hungern oder Durst haben.
Denn Gott wird euch trösten.
So wie eine Mutter nicht aufhört, ihr Kind zu lieben,
so wird Gott sich um euch kümmern.
(nach Jes 49,8-13)

... wahr werden

Stellt euch die ungeheure Verblüffung der Kimmelkörner – so heißen die Bewohner von Kimmelkorn – vor, als sie entdeckten, dass ihr Gefängnis in ein Blumen-Schloss, in einen Wunder-Palast verwandelt war. Und die Gefangenen? Sie sahen keine Gitterstäbe mehr vor ihren Zellen und auch keinen Stacheldraht und keine Eisenspitzen mehr auf den Mauern. So vergaßen sie, dass sie eigentlich hatten ausreißen wollen; die Faulsten unter ihnen wurden aus Bequemlichkeit anständig – sie hatten Gefallen daran gefunden, ihre schöne Umgebung zu betrachten. Aber sogar die bösartigen Gefangenen nahmen friedliche Gewohnheiten an und ärgerten und schlugen sich nicht mehr. Das Geißblatt wucherte um Schlösser und Riegel – man konnte die Türen nicht mehr schließen. Aber wer auf solche Weise erfreut wurde, lief nicht weg, sondern blieb da – alle Gefangenen wurden begeisterte Gärtner.

Herrliche Bogen aus himmelblauer Winde und Clematis verschleierten die Hässlichkeit der Hütten, und die Rasenwege wurden von breiten Geranienbeeten eingefasst. Die Unterkünfte der Besitzlosen und Erwerbslosen, die man sonst nach Möglichkeit mied, weil sie so fürchterlich aussahen, waren nun die schönsten der ganzen Stadt, und man besichtigte sie, wie man Museen besichtigt. Die Bewohner der Baracken stellten am Eingang zur Barackenzone ein Drehkreuz auf und erhoben hundert Franken Eintritt. Und gleich gab es auch Erwerbsmöglichkeiten: Aufseher wurden gebraucht und Postkartenverkäufer. Das Glück war in die Baracken gekommen. Und um das Glück gleich richtig anzuwenden, entschloss man sich, mitten zwischen Bäumen und Wiesen ein großes Haus mit neunhundertneunundneunzig schönen Wohnungen zu bauen – mit elektrischen Küchen ausgestattet, wo die ehemaligen Barackenmieter sich alle wohnlich einrichten konnten. Und da man zu dem Neubau viele Arbeitskräfte benötigte, bekamen die Erwerbslosen auch wieder Arbeit.

Aber Doktor Vielübel wunderte sich noch viel mehr, als er am nächsten Tag das Zimmer des kleinen kranken Mädchens betrat. Das kleine Mädchen lächelte – es war mitten in einem herrlichen Blumengarten aufgewacht. Um den Nachttisch herum wuchsen Narzissen, die Bettdecke war zu einem schwellenden Kissen von Anemonen geworden, und auf dem Bettvorleger wucherte Hafergras. Aber die Blume – die Blume, auf die Tistou alle Sorgfalt verwandt hatte -, eine herrliche Rose, die sich unaufhörlich wandelte, neue Blätter entrollte und neue Knospen trieb, diese Blume wuchs am Kopfende des Bettes, gleich neben dem Kopfkissen. Das kleine Mädchen sah nicht mehr zur Zimmerdecke hinauf, sondern beobachtete die Blume. Und noch am selben Abend konnte es schon ein bisschen die Beine bewegen. Es fing an, sich seines Lebens zu freuen.

Wilder Wein und Efeu, Winden, Wicken, Vogelknöterich und Flachs bildeten um Pistolen, Maschinenpistolen, Maschinengewehre ein unentwirrbares Dickicht, das außerdem völlig ineinander verklebt und verkleistert wurde durch den Leim des schwarzen Bilsenkrauts. Sowohl die Komm-Hers als auch die Geh-Wegs hatten auf das Auspacken der Waffenkisten verzichten müssen. Die Kanonen waren zwar abgefeuert worden, aber statt Granaten waren Blumen durch die Luft geflogen. Mit Rosen kann man keine Länder erobern, und Blumenschlachten sind noch nie in der Geschichte ernst genommen worden. Die Komm-Hers und die Geh-Wegs machten auf der Stelle Frieden. Ihre Armeen zogen sich zurück, und die bonbonfarbige Wüste lag wieder einsam und frei unter dem alles beherrschenden Himmel.

Engel hinterlassen Spuren

Zeugnis für Tistou

Du bist ein außergewöhnlicher Knabe.
Es ist leider unmöglich, Dich in der Schule zu unterrichten.
Du bist ein vertracktes Kind,
bei Dir muss mit der Erziehung ganz
von vorn angefangen werden,
denn Du bist ein Starrkopf!

Du bist schwieriger zu leiten als eine Kanonenfabrik.
Eines Tages sollst Du
die Leitung der Kanonenfabrik übernehmen.
Leider zeigst Du dazu wenig Veranlagung.

Du bist der Schuft,
der die Blumen in die Kanonen gesät hat.
Eine großartige Sache, die Du da fertig gebracht hast.
Du zeigst gute Veranlagung für den Gartenbau.

Du bist ein merkwürdiger Junge!
Du kannst Dich dem Unglück nicht beugen,
bevor Du nicht versucht hast,
ihm mit Deinen grünen Daumen zu Leibe zu rücken.

Du warst ein Engel!

Die Menschen von Kimmelkorn in den Blumen

Engel
haben keine Flügel.
Du triffst sie auch selten im Himmel an.
Sie sehen aus wie ein Kind.
Sie sehen aus wie eine Frau.
Sie sehen aus wie ein Mann.
Ganz normal also.
Aber was sie tun, ist gar nicht normal.
Sie sind ganz einfach da, wenn du sie brauchst,
wenn du traurig bist,
wenn du nicht mehr weiter weißt
und keine guten Ideen hast.
Doch du musst schon genau hinsehen,
weil du sie sonst nicht erkennst.

Erläuterungen und methodische Hinweise

Bei der Betrachtung der **Zeichnung** auf der Titelseite fällt zunächst die Hand in den Blick, deren Daumen sich einem vergleichbar winzigen Wiesenfleck nähert. Haben wir hier das Zeichen des »Sieges« vor uns oder gilt gar der Spruch »den Daumen draufhalten«?
Der sich darüber spannende Regenbogen – in jüdisch-christlicher Tradition das Zeichen Gottes dafür, dass er die Welt nie fallen lassen wird – weist wie die Kapitelüberschrift auf eine mögliche Deutung hin: Sie erlauben die Frage danach, ob und wie meine Träume glücklich ausgehen und siegen werden!

* mögliche Deutungen der Titelseite aufschreiben, diese dann nach der Erarbeitung des Kapitels mit dem Besprochenen vergleichen.

Gegebenheiten und Abläufe im Umfeld eines Menschen werden in der Regel als »immer schon so gewesen« hingenommen und damit als »normal« eingestuft. Was aber geschieht, wenn Menschen dieses »Normale« hinterfragen? Zumeist steigt bei den Angefragten sofort Argwohn auf und werden Verdächtigungen oder Vorwürfe ausgesprochen (etwa in Richtung fehlender Angepasstheit oder Subversivität). Aber dennoch: erst das Hinterfragen deckt die Fragwürdigkeit des scheinbar »Normalen« auf und ist Ansatzpunkt, Bestehendes zu verändern. Auch Kinder stellen gelegentlich – manchmal bohrend und nachdrücklich **zu viele Fragen**, die in Frage stellen. Die Figur des Jungen Tistou entstammt dem Jugendbuch »Tistou mit den grünen Daumen« von Maurice Druon (als Taschenbuch der Reihe dtv junior erhältlich). Es empfiehlt sich, das Buch – zumindest in Ausschnitten – vor Bearbeitung des Kapitels bzw. diese begleitend gemeinsam zu lesen oder als Hausaufgabe lesen zu lassen.

* bewusst darauf achten, wie Menschen reagieren, wenn ähnliche Fragen, wie Tistou sie formuliert, gestellt werden.

(Scheinbar) »Immer-schon-so-Gewesenes« zu hinterfragen und auf eine grundsätzliche Veränderung zu drängen, ist in den Augen vieler Menschen etwas Utopisches oder Phantasterei. Belegen doch unsere Erfahrungen, dass die meisten Veränderungen von Gegebenheiten – zumindest mit herkömmlichen Mitteln – einfach nicht oder nur schwer möglich sind. Eine Chance, dennoch Veränderungen zu bewirken, besteht darin, mit außerordentlichen Fähigkeiten außerordentliche Wege zu beschreiten. Dies ist nur in Grenzen erlernbar; es ist letztendlich ein Geschenk an alle, die bereit sind, Phantasie und Mut einzusetzen. Tistou ist einer, der in diesem Sinne aus der Reihe tanzt. Er scheint einem »Außerirdischen« zu gleichen – aber im Grunde genommen geht er lediglich mit offenen Augen durch die Welt und zeigt Risikobereitschaft. Dies ermöglicht ihm den Einsatz all seinen individuellen Fähigkeiten: **Tistou hat grüne Daumen.**

* sich die eigenen individuellen und daher besonderen Fähigkeiten bewusst machen
* sich darüber austauschen, inwieweit diese besonderen Fähigkeiten eingesetzt oder (von anderen bzw. durch die eigene Person) unterdrückt werden.

Wenn Gedanken und Träume...: Der Traum von einer besseren Welt wird tagtäglich millionenfach neu geträumt. Jedoch: »Träume sind Schäume«, wenn sie nicht zu einem festen Entschluss führen und in kleinen Schritten auf den Weg der Realisierung gebracht werden. Das, was Einzelne an außergewöhnlichen Begabungen besitzen, kann Veränderung bewirken – wenn sie bereit sind, sich selbst, ihren Mut und ihre Phantasie einzusetzen. Dann wird das Leben für viele Menschen leichter und bunter.

* möglichst realisierbare Gedanken und Träume in Luftballons schreiben.

... wahr werden: Das jüdische Volk erlebte in seiner Geschichte immer wieder Situationen der Hoffnungslosigkeit. In ersttestamentlicher Zeit traten dann stets prophetische Menschen auf, die neue Hoffnung vermittelten. Basis ihrer Botschaft sind Träume und Visionen; diese beruhen auf ihrer Fähigkeit, das Vordergründige zu durchschauen und die Tiefendimension der Wirklichkeit zu erfassen (vgl. dazu auch die Rubrik **»Wissenswertes«**). So beschreiben sie aus dem Glauben an Jahwe in anschaulichen Bildern die kommende neue Welt, in der die bestehenden Missstände ein Ende haben werden. Sie sind davon überzeugt, dass Gott die von ihm geschaffene gute Schöpfung (»und siehe, es war sehr gut«) nicht verloren gehen lässt, sondern in einem neuen

Schöpfungsakt den »paradiesischen Zustand« wieder herstellen wird. Ihr Glaube ist mehr als nur ein Traum. Vor allem die Propheten Jesaja und Deuterojesaja (der »zweite Jesaja«) greifen diese Gedanken auf und zeichnen das Bild eines kommenden Paradieses, in dem alle ungerechten und unmenschlichen Entwicklungen beseitigt sind und die gesamte Natur im Einklang lebt. Im Text **»Traum von einer neuen Welt«** (S. 95), der in Anlehnung an Jes 61 verfasst wurde, kommt diese gläubige Hoffnung zur Sprache, die schließlich im Leben und Wirken des Jesus von Nazareth als erfüllt erkannt wird.

- weitere Neu-Schöpfungsbilder schreiben oder malen
- die Sprachbilder des Textes Jes 2,4 malen oder formen
- eine Collage zum Thema »Schwerter werden zu Pflugscharen« erstellen
- den Text »Traum von einer neuen Welt« als Wandzeitung gestalten

Scheinbar Unmögliches geschieht, wenn Tistou seine Fähigkeit, seinen »grünen Daumen« einsetzt. Hier fällt die frappierende Parallele zur Botschaft des Jesaja auf: Gefangene werden befreit, Armen wird Freude zuteil, Kranke werden geheilt und alle kriegerische Aktivität findet ein Ende. Das Wunderbarste aller Veränderungsprozesse – auch im Jugendbuch »Tistou mit den grünen Daumen« – ist jedoch die Verwandlung der beteiligten Menschen. Diese können mit ihrem »neuen Wesen« dann ihrerseits wirken und damit jenen Prozess in Gang halten, der »Paradiesisches« schafft. Der Glaube sieht hierbei Gottes schöpferisches Wirken mit im Spiel.

- Veränderungen der Menschen pantomimisch darstellen
- in Einzelarbeit überlegen, wie jede und jeder mit ihrer bzw. seiner besonderen Gabe Menschen verändern kann.

Engel hinterlassen Spuren: Diese Spuren können unterschiedlich gesehen und gedeutet werden. So ist es auch bei Tistou. Seine Charakterisierung als »Engel«, wie sie im Zeugnis vorgenommen wird, ist gerechtfertigt aufgrund der positiven Veränderungen, die er durch sein Dasein bewirkt hat. Andererseits wird gerade in dieser Stellungnahme zu Tistou die Ambivalenz seines Wirkens deutlich: Es hat auch »störenden« Charakter, weil es manche Vorstellungen und Pläne durchkreuzt. Der Text »Engel« regt an, sich mit den herkömmlichen Vorstellungen von Engeln auseinanderzusetzen und dabei die eigene Sicht zu klären.

- Bilder sammeln, auf denen Engel dargestellt werden
- diese miteinander und mit dem Text »Engel« vergleichen.

Traum von einer neuen Welt

Gottes Geist,
der die Schöpfung ins Leben gerufen hat,
ruht auf mir.

Gottes Geist
hat mich gesandt,
den Armen die Frohe Botschaft zu bringen,
und die zu heilen,
die an einem zerbrochenen Herzen leiden.

Gottes Geist
hat mich gesandt,
den Gefangenen Befreiung
und den Gefesselten Erlösung anzukündigen,
alle Betrübten zu trösten,
ihre Not zu lindern,
ihre Trauer in Freude zu verwandeln,
ihre Verzagtheit mit festlichen Liedern
auszutauschen.
Dann wird aus den Trümmern wieder Neues entstehen,
und was verwüstet daliegt, wird wieder aufgerichtet.

Die Armen werden wieder zu Wohlstand gelangen
und sich daran freuen.

Darum will ich ein Lied der Freude singen
für Gott,
aus der Tiefe meines Herzens,
denn er hat mich mit Heil überschüttet.

(nach Jes 61)

Wissenswertes Wissenswertes Wissenswertes

Traum – Träumen

Schon immer weisen Menschen dem Traum eine besondere Bedeutung zu. Sie sind davon überzeugt, dass Träume wichtige Botschaften für das Leben beinhalten.

Die Menschen in biblischer Zeit gehen davon aus, dass Gott die »Sprache der Träume« spricht. So gibt es in der Bibel viele Traumerzählungen, z.B. von den Träumen Josefs und des ägyptischen Pharao (Gen 37; 41) oder dem Traum der Frau des Pontius Pilatus (Mt 27). Richtig gedeutet können Träume etwas über die Zukunft des Menschen aussagen; sie können den Sinn des Lebens erschließen, den Gott schenkt. So liegt in ihnen auch Hoffnung: Die Hoffnung auf ein besseres Leben, eine kommende heile Zeit.

Davon schreibt der Prophet Joel: »Und danach wird es geschehen, dass ich meinen Geist ausgieße über alle Menschen, und eure Söhne und Töchter werden weissagen, eure Alten werden Träume träumen und junge Menschen werden Visionen haben.« (Joel 3,1) Viele Träume, in denen sich Gott mitteilt, sind jedoch in symbolischen Bildern verschlüsselt. Daher ist es nicht einfach, die Botschaft Gottes in den Traumbildern zu ermitteln. So gab und gibt es besonders begabte Menschen, die die Botschaft der Träume entschlüsseln können.

Allerdings wird das Träumen nicht immer positiv bewertet; es finden sich auch kritische Stimmen, nach denen der Traum lediglich als Einbildung gilt. Viele Menschen wollen sich nicht auf Träume verlassen: Sie verlassen sich lieber auf das, was »vernünftig« ist, auf das, was sie mit eigenen Augen sehen und mit Händen greifen können. Diese Einstellung macht es schwer, sich auf die Traumbotschaft Gottes einzulassen. Sie verhindert, ganz einfach dem zu vertrauen, was die innere Stimme oder ein inneres Gefühl sagen. Auch heute erzählen Menschen von Traumerfahrungen. So existieren »Traumgruppen«, in denen die Gruppenmitglieder lernen, die Bilder ihrer Träume zu lesen und ihre Botschaft zu verstehen. Gläubige Menschen verstehen Träume als »Sprache des Herzens«. Sie sind davon überzeugt, dass Träume ein Geführtsein von Gott sind. So achten sie auf ihre Träume – und setzen sie um in Wirklichkeit.

Vision

Prophetinnen und Propheten in biblischer Zeit bestätigen, dass Gott in Visionen zu ihnen spricht. Sie bezeugen, dass sie Gott »geschaut« haben – und werden daher als »Seherin« oder »Seher« bezeichnet. Viele der biblischen Berichte heben mit Nachdruck hervor, dass die Visionen göttlichen Ursprung haben. So betont etwa Amos immer wieder, dass Jahwe ihn das, was er berichtet, »schauen« ließ. Visionen sind daher nicht nur das Ergebnis reicher Phantasie, sondern geben Aufschluss über die Wirklichkeit. Die Prophetinnen und Propheten sehen innere Bilder, die sehr häufig zukünftige Ereignisse bedeuteten. Viele dieser Bilder werden durch den Gesichtssinn (z.B. Vision des Amos von einer Heuschreckenplage), andere aber auch durch den Gehör-, Tast- oder Geschmackssinn vermittelt: So hört Jesaja in seiner Berufungsvision den Gesang der Seraphen und spürt deren Berührung (Jes 6). Der Prophet Ezechiel sieht und hört nicht nur den Inhalt und die Bedeutung der Buchrolle, sondern schmeckt diese auch: »Und ich aß sie, und sie war in meinem Munde wie süßer Honig« (Ez 3,3). Auch das Zweite Testament erzählt von Visionen, so etwa von der Vision des Stephanus (Apg 7,55f.), des Petrus (Apg 10,11-16) oder den häufigen Visionen des Sehers Johannes in der Apokalypse. Schließlich gibt es auch in der Geschichte des Christentums Menschen, die Gott so nahe sind, dass sie ihn »schauen« und daraus neue Möglichkeiten des Handelns erspüren.